イタリア野あそび街あるき

竹川佳須美

静新新書
020

目次

第二部　田園で過ごすバカンス――アグリツーリズモのすすめ　77

イタリアに出会った日

　十七年前、なぜイタリアで暮らしてみようなどと思ったのか、今となってはよくわからない。いや、最初から明確な理由などなかったと正直に言うべきだろう。強いて言えば好きだから、となるのだが、それまで一度もイタリアに行ったことがないのだからそれも不思議な話で、ではどこが好きなのかと問われれば、芸術と美の宝庫で、食事もおいしいし、とありきたりな言葉を並べるしかなかった。

　当時イタリアは、その後定着することになるイタリア人気の、最初のブームを迎えていた。女性ファッション誌がミラノやローマのブランドショップを地図入りで紹介すれば、「ブルータス」や「太陽」はイタリアワインやイタリア車のうんちくを語り、そのいずれにも、イタリア各地の美しい街並みの写真が、競うように掲載されていた。

　だから私もそんなブームに乗せられたのだと、言えないこともない。あるいはその前年、観光旅行に出かけたスペインの、乾いた夏の空気がえらく気に入ってしまい、日本以外で暮らすとなると南ヨーロッパだろうなと漫然と考えていて、それが現実のものとなったとき、情報量の多さに引っ張られてなんとなく決めてしまったのかもしれない。

そういった、イタリアを選択するにあたってのあいまいな理由とは別に、そもそも日本を出て外国で暮らすということに、私の側の内的な要因があった。あったのだろうと思う。印刷関連の会社勤めを五年、同じ仕事で独立して十年近くたっていたが、なぜかその年、突然日本を離れてみたくなったのだ。しかしその衝動もまた、言葉にするのは難しい。

あのころ、読まれたそばからゴミ箱に投げ捨てられる広告などの印刷物の制作に、少し疲れていたのは確かだ。そんなとき、年齢を重ねてもろくなった外皮がはがれ、もともと、ここではないどこかに憧れてばかりいる人間だった本性が、目覚めたのかもしれない。

だからたまたま、いくつかの要因が重なって出た結論だったのだろう。それでもスペインでも、スペインの帰りにちょっとだけ立ち寄ったフランスでもなかったのはなぜだろうと、もう一度つきつめてみると、これはもう勘とか、運命とかいう話になってくる。あるいは、私がイタリアを選んだのではなくて、私がイタリアによって選ばれたのだと、言ってもいいかもしれない。

とにかく私は、留学雑誌からいくつかの語学学校を選び、慣れない英語で現地に問い合わせ、資料を請求し、フィレンツェのとある学校に六カ月の入学を決め、ビザを取り、その年から始まったＮＨＫのラジオイタリア語講座を一カ月間聞いただけでイタリアに発った。一九九〇年五月のことだった。

　当時、ローマの空港からテルミニ駅まではバスしかなかった。私は窓から、まぶしい朝の光にきらめく緑の野原を眺めたはずだ。流れ去る風景の遠くに、古代の水道橋の跡を見たかもしれない。でも覚えているのは、地面から四方に向かって伸ばした枝に、びっしりと花房をつけたエニシダの灌木だ。その鮮やかな黄色は、濃い青の空にも、丈の高い幹の上に傘のようにこんもりとした枝を広げるローマの松にも、街に入ってすぐに目に飛び込んでくる、パラティーノの丘のレンガ色の遺跡にもよく映えていた。

　次に思い出すのは石畳だ。私はバスで知り合った女性の後ろでスーツケースを引いている。何度もイタリアに来ているという彼女のスーツケースは、これからのショッピングのためにほとんど空っぽだったから、ガラガラと音を立てて石畳を渡っていった。一方ずしりと重い私のスーツケースはその石畳のために、少しも前に進んでくれない。十センチ四方の石はまるで古代ローマの時代からそこに敷かれているかのような存在感で、角は丸くすりへり、石と石の間は不規則に陥没し、そのすき間にスーツケースの車輪がぴたりとはまってしまう。駅からすぐ近くのホテルまで、さして広くもない通りを二本渡るのに、私は汗だくになって石畳と格闘していた。

　往来で立ち往生しているとタクシーが徐行し、運転手が窓から何か叫んだ。私はイタリア語なんて少しもわからないくせに、何を言われたのかと彼を見た。乗っていくかと言っているのだろうと思い、ノーノーと手を振ると、旅慣れた彼女があきれて言った。「無視しなきゃダメよ。白タクかもしれないし、ぼられるわ」と。

　でも陽気な若者は、困っている私に本当に親切心から声をかけてくれたのかもしれないし、面白がって何かふざけたことを言ったのかもしれない。あるいは見るからにローマ初心者の東洋の女に、ようこそローマへと、歓迎の言葉をかけてくれたのかもしれなかった。

　活気にあふれた駅前の道路で交わされた、コミュニケーションとも言えないこのささやかな触れ合いは、まばゆいばかりにきらめく朝の光とともに、私の記憶にくっきりと残った。なぜなら日本では決して、誰もこのように親しく、このようにまっすぐ、見知らぬ人間に言葉をかけたりしないからだ。意味は通じずとも、その曇りのない明るさとおおらかさが私にはとても好ましかった。

　いずれにしろ彼が、ローマで、いやイタリアで、私という個人に向かって初めて言葉を投げてくれ、イタリア的なるものの一端を垣間見せてくれた、最初の存在となった。

半年のフィレンツェ暮らしを終えて日本に戻ると、その後は何年もイタリアを訪れることができなかった。仕事に追われ、子供も生まれた。けれどもイタリアはいつも、ずっと遠くの街の灯のように輝き、遺跡の石や、暮れなずむすみれ色の空に伸びる糸杉のシルエットや、朝の光の中の陽気な若者の姿といった、具体的なイメージを伴って私を呼び続けた。

だがようやく私が、再びその光に導かれるようにローマに降り立つことができたのは、最初の滞在から八年が過ぎた秋、病気や色々な事情が重なってそれまでの仕事を辞め、一年の休養をとったあとのことだ。

このときは三週間の滞在予定だったが、八年前と違って明確な目的があった。休養していた間、日々考えたのはこの先何をしようかということで、したいことは一つしかなかった。この八年間、ずっと私を捉えて離さないイタリアの魅力を日本の人たちに紹介する仕事である。

イタリアはユネスコの世界遺産四十二カ所と、世界一の保有数を誇る国だ。そのためテレビに取り上げられることも多い。また芸術の宝庫なので、ボッティチェッリやダ・ヴィンチの作品の解説とともに、彼らの活躍した時代や街も頻繁に番組に登場する。それどころか彼らの作品さえ、向こうから日本の美術館にやってきてくれる。イタリアンブランドの洋服やバッグは簡単に手に入るし、イタリアワインや料理を家庭で楽しんでいる人も多いはずだ。イタリアに触れるのは一見とても簡単になった。

しかし、と私は思っていた。ローマの遺跡を、あの空と光とともに持ってくることはできない。中世の丘の上の街をまるごと、暮れなずむ夕闇や糸杉とともに持ってくることはできない。そこに流れる時間を持ってくることはできない。それらを知るためには、実際にイタリアに行って体感するしかないのだと。

となると、私にできることはイタリア専門の旅行会社しかない。そう思い定め、その目的に向かっての第一歩となるのがこのイタリア滞在だった。

イタリア専門と銘打つためには、まずはイタリア語をブラッシュアップする必要がある。だが問題は四歳になる息子だ。実はその半年後に、私は彼を連れて三カ月ほど留学する計画を立てていた。彼が成長するまで待っていては遅い、息子にとっても、母親と離れるよりは一緒にイタリアに行くほうがいいだろう、そしてもうひとつ、将来私が仕事のために彼をおいて出かけていく場を、見せておきたいという気持ちもあった。つまりこの三週間はその本格的な滞在の前の、お試し期間だったのだ。

造園業を営んでいる夫と、初めてヨーロッパを見ることになる義母も一緒に、モンテプルチアーノという丘の上の街にアパートを借りて暮らした三週間は、のんびりとした、かつ充実した時間だった。私は語学学校に通い、その間残された三人は、中部イタリアの黄金に輝く秋を楽しんでくれた。そして私もその後の留学生活と旅行会社設立に向けて、おぼろげな自信のようなものをつかむことができた。

出会いとは不思議なもので、モンテプルチアーノを選んだのは、たまたまこの街に外国人の子供を短期で預かってくれる保育園があったからなのだが、この滞在と翌年の三カ月間で私は、南トスカーナの豊かな自然と、美しい田園の中に点在する、古い小さな宝石のような街の歴史的・文化的価値を発見することができた。このことが、イタリアという一国に特化した旅行の仕事のなかで、さらに深くイタリアに踏み込んで、地方の小都市の素晴らしさと、その都市の背後に広がる、それなくしては都市の魅力も半減するほどの強烈な個性で、抜き差しがたく都市と結びついた自然風土の美しさを是非紹介したいという、仕事上の重要な方向付けを与えてもくれたのである。

このときから三年後の二〇〇一年に、私はイタリア専門の旅行会社を開業した。イタリアと私との第二ステージの始まりだった。

第一部　街歩きでみつけたものたち

第一章　ローマ・重なり合う時間

空が広い「世界の首都」

もしも、短期のイタリア旅行でどこか一カ所だけにゆっくり滞在したいと言う人がいたら、私は迷わずローマをすすめる。ルネッサンスの街フィレンツェもいいが、やはりローマは別格だから。

いや一カ所ではもったいない、イタリアには見るべき都市がいっぱいあるじゃないかと言う人にも、是非、ツアーで必ず訪れるトレヴィの泉やスペイン階段やコロッセオを眺めたあとは、せめてもう一泊でも二泊でも延泊して、自分の足でローマを歩いていただきたい。七つの丘に築かれたローマを歩くのはけっこう大変だが、それこそ観光バスで足早に一周して終わるには、ローマはあまりにもったいない街だ。

建国から数えるとざっと二七〇〇年、古代ローマの領土は北アフリカや西アジアまで拡大したり、その後東西に分かれたり、中世には教皇領となったり、この地の歴史はさまざまな変転を繰り返したけれど、街はずっと変わらずに、ここで時をきざんできた。ローマはその二千年以上の時間の記憶を、目で、いや五感で感じとることができる稀有な場所なのだ。そのことを知るために、バスから降りてローマの道を歩き、広場で少し立ち止まってみてほしい。

フィレンツェに暮らしていたころ、ローマに出かけて行くたびに気付く事があった。フィレンツェに比べて空が広いのだ。ムッソリーニが古代遺跡のどまん中に作ったフォーリ・インペリアーリ通りを筆頭に、街の中心を何本も走っている道を歩くと、それはすぐにわかる。たとえば、テルミニ駅からサンタ・マリア・マッジョーレ教会を左に見て、フォロ・ロマーノにぶつかるカブール通り。あるいは駅の北の共和国広場から延びるナツィオナーレ通り。この通りはまっすぐヴィットリオ・エマヌエレ二世記念堂の方角に向かう、地元の人たちのショッピングストリートだ。

他にも、高級ホテルが並ぶヴェネト通り、ヴェネト通りを下ったところから西に走るトリトーネ通り、サンタンジェロ城からサン・ピエトロ寺院を望むコンチリアツィオーネ通りなど、建物の上に空が大きく広がる道は多い。

そしてそれらの道の何本かを束ねて、教会とオベリスクがそびえる広場や、周囲をアーケードが丸く弧を描く広場や、水を噴き上げる彫刻を囲む広場などがある。広場には強烈な日差しを跳ねかえす石の建物と、ときにはその日差しを飲み干すように空に伸びる緑の松が、いっそう大きく頭上の空を押し広げている。

ローマに来てこの空間の広がりに身を置くとき、きまって私は大きく息を吸い込んでみる。

するとからだの底からうきうきと、なにか生のエネルギーのようなものが湧き上がるのを感じる。解放感に頭の蓋が、パンと音をたてて開くような気がする。この感覚は切石の建物がすき間なく並ぶフィレンツェでは、たとえ広々としたシニョーリア広場でも、にぎやかなレップブリカ広場でも味わったことがない。

なぜなら華やかなルネッサンスの街フィレンツェは、当時の街並みを大切に守り通し、旧市街の道は昔の幅のまま現在も使われているからだ。そのために石の館が続く通りから見上げると、細長い長方形にかたどられた空しか見えない。また、街全体がルネッサンスというかっちりとしたひとつの色で固まっているのも、統一感や落ち着きはあるものの、どうかすると息苦しい。

一方ローマはと言うと、街のど真ん中に崩壊した遺跡が広がる空間があり、古代のスケール感を見せつけている神殿や、それに負けじと建てられた壮麗な教会などがある。いくつもの時代が折り重なったダイナミズムがある。またローマは、歴代の教皇やムッソリーニが都市計画を繰り返した結果、広げられた道や広場も多い。それらの違いに加えて、ローマにいて空に向かって広がっていくような解放感を感じるのは、民族や文化を異にする人々に、長く「世界の首都ローマ」と、誇りと賞賛と憧れを込めて呼ばれた都市におのずと備わった、豊かさとおおらかさがあるからではないかと、私は思っている。

すべての道はローマに通ず

ローマの街なかに限らず、イタリアの地方を車で移動しているとき、あるいはどこか田舎の町を歩いているとき、その道の先にローマを感じることがある。

何年か前、私はイタリア半島の南の果て、長靴にたとえるとかかとにあたるプーリア州の、ガッリーポリという漁師町を歩いていた。ちいさな岬に、白く塗られた建物が身を寄せ合うように並んでいる。道は細く、ほんの一〇分も歩けば、こちら側の海から岬の反対側の海まで抜けることができそうだった。

その街の見所は海と中世の城塞とこぢんまりとした教会だけで、私は友人二人と、なんとなくその教会に向かって歩いていた。迷いながら歩いていれば、知らぬまに教会にたどりつけそうな気がしていたが、ひと気のないさびれた雰囲気の街で、ようやく二人連れの老人に出会ったのにほっとして、「教会へはこの道でいいんですか?」と尋ねてみた。

老人は東洋人の私たちを珍しそうに眺めたあと、「ああ、まっすぐ行けばいいんだ。この道は教会に行く道だよ」と教えてくれた。するともう一人の老人が、うれしそうに、誇らしげに、付け加えた。「そう、教会に行って、その先はローマまで行くよ」と。私たちは皆一緒に笑いあった。

トスカーナのワイン農家で、農園のオーナーが庭を見せてくれたときのことも忘れがたい。彼はワインセラーや庭の片隅の礼拝堂を案内してくれたあと、背後に広がるオリーブの畑に私を誘った。その畑の真ん中に、雑草に覆われてはいたが、まっすぐ南に続く道があった。道の両側には低く白い石が積まれている。

キャンティの農園の庭に残る二千年前に作られたローマ街道

「Ｖｉａ　Ｃａｓｓｉａ」ひと言、彼は言った。カッシア街道、こう言えば他は何も説明する必要はないとばかりに。私は素直に驚き、オーナーは満足そうだった。

確かに説明は必要なかった。私がそこまでフィレンツェからたどってきた道、古代ローマ時代に作られた、帝国のすみずみまでつながっていくローマの道の、本土イタリアの幹線であり、今も現役の国道として残る九本のうちの一本が、このヴィア・カッシアなのだから。

ローマに通じる道は、常にローマからどこかにつながっていく道であり、道が発する中心のローマを空間的にあるいは時間的に強く想起させるという意味で、円形闘技場や公衆浴場と同じような歴史的な建造物でありながら、同時に現代の私たちを時間と空間の旅に導く、生きている一本の道でもあるのだ。

ちなみに私はこの仕事を始めるとき、旅とはてくてくと道を歩き、道が結ぶ広場や街で立ち止まって、あたりを見回すことだろうと、会社をイン・ヴィアと名づけた。ｉｎ ｖｉａと離せば「路上にて」、ｉｎｖｉａと続ければ「送る」という意味になる。

〝広場〟が演出する豊かな時間

イタリア語のｐｉａｚｚａは日本語で広場だが、実はイタリアのピアッツァは日本にはない。あるのは駅前広場か、ショッピングセンターの待ち合わせ場所のナントカ広場くらいで、これはどちらもイタリアのピアッツァとは違う。美術館や公共ホールに通じる空間はどんなに美しく芝が整えられ、彫刻が置かれてもそれは単なるアプローチだ。道が交わるところは、曲がるかまっすぐ進むかを瞬時に判断しなければならない交差点で、広場などになるはずもない。このように日本では、駅前広場もアプローチも交差点も、人や車が流れていくときの、一通過点にすぎない。

一方イタリアの広場は、道が集まり、人も集まるところだ。そこで流れはいったん止まり、いっときの広がりを持った時間が生まれる。たまたま知人に出会えば、挨拶から家族の近況に話が進み、サッカーの予想やさまざまな情報交換が始まるかもしれない。あるいは噴水の周囲の柵に腰掛けた旅人は、道行く女や男や、若者や老人を見るともなしに眺め、異国の人々の日常とその陰に潜むドラマを感じとることもできる。

歩き疲れて一杯のコーヒーかビールが欲しくなったら、広場に面したバール（カフェ）の、戸外に置かれた椅子に座るといい。特にローマの広場では、

共和国広場。中央はナイアディの噴水

水音が涼しい噴水や、美しい彫刻や、教会や遺跡が、舞台の背景を飾っている。

共和国広場はテルミニ駅のすぐ近くだし、ナツィオナーレ通りでのショッピングや、国立考古学博物館で古代の彫刻やモザイクを鑑賞した後に、一休みするには最適の広場だ。周囲の十八世紀に整備された柱廊に囲まれた建物には、おあつらえ向きのバールがいくつかある。広場の中央にあるナイアディの噴水はまたの名をエセドラの噴水といい、広場自体もローマっ子にはピアッツァ・エセドラのほうが通りがいい。

エセドラとは古代ローマの半円形の広場のことで、そもそも現在の広場の形は、紀元三世紀初頭に建てられた、ディオクレティアヌス帝の広大な浴場の一角のエセドラが、そのままの形で残ったものなのだ。

残念なことにこの広場も、今では他のローマの広場と同様に、おびただしい車やオートバイの喧騒と無縁ではない。けれどもしばし車の流れを無視して、今歩いてきた考古学博物館とこの広場をつなげてみると、一七〇〇年前の大浴場の規模を想像してみることぐらいはできる。

水のきらめく噴水の向こうにも、古代の遺跡らしい、レンガで積まれた半円形のくぼみが見える。これも浴場のメイン施設、熱浴室の壁の一部である。この奥は遺跡をそのまま利用した、ミケランジェロによるサンタ・マリア・デッリ・アンジェリ教会となっており、ローマで是非訪れてほしいところのひとつである。

車やオートバイを気にせずにのんびりできるのは、なんと言っても、紀元一世紀のトラック闘技場そのままの形のナヴォナ広場だろう。ここはバロックの巨匠ベルニーニの噴水で有名で、広場にはいつも、土産物売りや絵を売るアーティストが、観光客を目当てに集まってきている。そのせいか、十二月のクリスマスマーケットの季節でなくても、どこか祝祭の雰囲気が漂っている空間である。

だが私のお気に入りは、現代に残る古代ローマ随一の神殿、パンテオンの前の、夜のロトンダ広場だ。

一昨年、たまたまパンテオンの裏手のホテルに泊まる機会があった。ホテルが面したミネルバ広場にはサンタ・マリア・ソープラ・ミネルバ教会があり、ベルニーニの象の彫刻が小ぶりのオベリスクを背に乗せている。この教会は、シンプルなファサードからは予想できないが、まるで小さな美術館のように、ルネッサンスからバロックに至る芸術作品で飾られているので、時間が許せばのぞいてほしい。

その夜、ホテルで一休みしたあとロトンダ広場に足を向けた。一帯にはバールやたくさんのレストランが軒を連ねているので、その中のどこかで夕食をとるつもりだった。

観光客にも土地の人にも忘れられたような静かなミネルバ広場を抜け、パンテオンの前に回りこむと、雰囲気が一転した。昼間は脇の道で客待ちをするタクシーや、グループになって固まっている観光客で騒然としているロトンダ広場は、さすがに夜になって少し落ち着きを取り戻していたが、それでも相変わらず人々は三々五々群れていて、ライトアップされたパンテオンは昼にもまして華やかだった。

誰もが、闇に浮かび上がる古代の神殿の美しさに見とれてたたずみ、恋人たちは街灯の灯を浴び、長い影を石畳に落として抱き合っている。私は立ち去りがたく、バールの外に並べられた椅子に座り、イタリアで時折遭遇する至福のような一場面を、一杯の食前酒とともに味わった。

さながら演劇空間

こんなふうに書いていくときりがないが、もうひとつだけ好きな広場をあげておこう。古代からローマの北の玄関口だったポポロ広場だ。ここには何より、ローマの特徴である演劇的なたたずまいがある。その劇的な出会いの効果を高めるためには、地下鉄でフラミニオ駅に降り立つのがいい。駅を出たすぐ左手が、アドリア海のリミニからローマに至るフラミニア街道（やはり古代ローマの街道）の終点、ポポロ門である。

凱旋門のような立派な門をくぐると、いきなり大きく開けた広場に出る。広場は横に長い卵形で中央にはオベリスクがすっくと立っている。ミネルバ広場やロトンダ広場など、あちこちに立てられたオベリスクはローマ皇帝によってエジプトから運ばれ、その後打ち捨てられていたのを、十六世紀末の教皇がローマにやってくる巡礼のために再利用して立てたものだ。それらは単なる道しるべでなく、空間を引き締める見事なオブジェとなっている。

いったんオベリスクに吸い寄せられた視線は、次にその背後の相似形の二つの教会と、広場を起点に、教会を挟んで放射状に南に走る三本の道に導かれる。十七世紀に建てられた教会は双子の教会と呼ばれ、ローマの神殿を模したファサードの上に美しい淡いブルーのドームを載せている。右の道はアウグスト帝の霊廟の脇を抜け、ナヴォナ広場とパンテオンの真ん中あたりに抜けるリベッタ通り、左の道はスペイン階段に向かうパブイーノ通り、真ん中の道はヴィットリオ・エマヌエレ二世記念堂までまっすぐに走るコルソ通りだ。

古代ローマの旅人も、巡礼にやってきたキリスト教徒も、私たちと同じように門をくぐったとたん、ようやく目指す地にたどりついた安堵感とともに、壮麗な都市ローマに圧倒されたに違いない。そしてどの道を行こうかと、自分を待つ未知の世界に胸躍らせたに違いない。

広場に歩を進めると左手には、木々に覆われた道がピンチョの丘まで登っている。その切り立った斜面もまた石の壁で装飾されていて、アーチを描いて刻まれたニッチ（壁がん）に見事な彫刻が置かれ、広場から見上げると古代の劇場の舞台のように見える。

こうして旅人はローマで、いつのまにか時間と空間が作り上げた物語の世界に入り込み、あるいは素晴らしい舞台を鑑賞する観客となるのだ。

ローマが生まれた丘

ローマは七つの丘の街だと書いた。だが今、その七つはそれほど明確に丘の形を成していない。古代ローマのころより地面が上がってしまい、緩やかな坂道を、登って下って終わりだったりする丘もある。だが一カ所だけ、古代ローマをはっきりと意識して訪れてほしいところがある。カピトリーノの丘だ。

この丘が重要なのは、まだローマが王制だったころに神々の場所と定められ、ローマの守護神、ユピテル、ユノー、ミネルバを祭る神殿が建てられたのが、ここカピトリーノの丘だからだ。古代ローマはこの小さな聖なる丘を見上げるように、政治の場である元老院議事堂を建て、凱旋門を建て、数々の神殿やフォロ（市民広場）、そしてバジリカ（集会場）や市場などを建てた。つまりここはローマ発祥の地であり、文字通りローマの中心であった丘なのだ。

その後、この丘の上はミケランジェロによって設計されたカンピドリオ広場となり、広場にはコの字型に三つの宮殿が建っている。丘には二つの方角から登ることができるが、現代から過去へとさかのぼるためには、今のローマの地図では真ん中から少し下に置かれる、ヴェネツィア広場からアプローチするのがいい。

だが、丘のすぐ北側のヴェネツィア広場に立っても、私たちはカピトリーノの丘を目にすることはできない。巨大な白亜の宮殿ヴィットリオ・エマヌエレ二世記念堂が、広場の南に丘をせき止めるようにそそり立ち、背後にある丘と遺跡を完璧に覆ってしまっているからだ。

この建物はわずか百年前に、一八七〇年のイタリア統一を記念して建てられたもので、ローマっ子にはあまり評判がよくない。周囲の景観にそぐわないとか、形が醜いとか言われるが、どこも崩れておらず汚れてもいない大きな真っ白な建物は、ハリウッド映画の作り物のようで、確かにローマの街から浮き上がって見える。しかしそれは純粋に美的な問題というよりも、これだけの質量のもので、こんなに新しいものが、二千数百年の時を伝える遺跡群やルネッサンスの広場を睥睨《へいげい》するのが、許せないということでもあろう。彼らの自慢のものが、台無しになってしまうのがいやなのだ。

「古代」の再生を映す丘

ヴェネツィア広場を西に迂回し、ダラーチェリ広場からコルドナータと呼ばれる緩やかな階段でカンピドリオ広場に登る。すると舞台からせり上がるように、左右に古代ローマの、馬を引く双子の神の像が迫ってくる。彼らは観客を出迎える古代の衣装をまとった俳優のようでもあり、またこの先の広場を守る門衛のようでもある。広場の真ん中にはマルクス・アウレリウス帝の騎馬像。その向こう、正面奥に、ほっそりとした塔を中央に載せ、エレガントに横に広がっているのがセナトーリオ（元老院宮殿）だ。セナトーリオの前にもまた、古代のナイル川とテヴェレ川の神像が置かれている。

遺跡の土よりわずかに明るい色のこの宮殿は、元は古代ローマのタブラリウム（公立公文書館）だった。裏側から見上げると土台部分はそのままに、まさにその上に後代の宮殿が増築されているのがよくわかる。このセナトーリオは、十二世紀から今に至るまでずっとローマの市庁舎として使われている。カピトリーノの丘がローマの中心というのは古代だけのことではないのだ。

カピトリーノの丘。正面の建物がセナトーリオ、左右がカピトリーニ美術館

一度この広場で、ウェディングドレスとタキシード姿のカップルが、役所での結婚式を終え、祝福する人々の輪に囲まれているのに出会ったことがある。まかれた米に鳩が群がり、観光客も花嫁と花婿の姿をカメラに収めようと足を止めている。私は映画の一場面のようだと思い、どこかで、広場を俯瞰《ふかん》するような位置から、全てを見ている眼のようなものを想像してみたりした。

セナトーリオの左右に広場をはさんで向き合う美術館は古代彫刻の宝庫で、二つあわせてカピトリーニ美術館と呼ばれている。マルクス・アウレリウスの騎馬像も、ローマ建国の伝説の双子、ロムルスとレムスが狼の乳を飲む彫刻も、本体はこの美術館の中だ。

広場はミケランジェロの設計に従って少しずつ整備

され、ほぼ完成したのが百年後の十七世紀半ば、皇帝の騎馬像を中心に、灰色の舗石に白の石でのびやかな幾何学模様が描かれたのは、その四百年後の一九四〇年だという。

私が、ローマを訪れる人に是非カピトリーノの丘に立ってほしいと思うのには、あと二つ理由がある。まずひとつは、カンピドリオ広場がルネッサンスとは何かということを端的に教えてくれる広場だと思うからだ。

どちらかというと、ローマはルネッサンスのおだやかな調和の街というより、ドラマチックで陰影に富み、饒舌な装飾で存在を主張する、ルネッサンスの次の時代バロックの街だ。バロックは古代のスケール感に対抗するかのように力強く、数々の教会や彫刻でローマを飾り立てているので、ただでさえ数の多くないルネッサンスはその影に隠れがちだ。

だが、にもかかわらず、いや数の多少とはまったく関係なく、むしろローマにおいてこそルネッサンスの意味はつかみやすいし、そのためにこの丘は最適の場所なのだ。

ルネッサンスは文芸復興と訳されるが、イタリア語では単に「再生」という意味である。何を再生させるかと言うと、古代（ギリシャ・）ローマの真髄である人間中心のものの考え方だ。この「再生」運動により、硬直した神中心の世界観から、芸術も、思想も、科学も解き放たれるのである。

ルネッサンスの都フィレンツェでは、実はこの古代の「再生」という意味が感覚的によくわからない。建築にも絵画にも、のびやかな美と、心地よい調和を感じとることはできるし、ウフィッツィ美術館では中世のステレオタイプな聖母子像が、時代を経るとともに、リアルな個性を持つ人間像に移り変わっていく足取りを、たどることもできる。だが、そのルネッサンスが憧れ、手本にしたものが目に見えない。古代は取り込まれ、嚙み砕かれ、たおやかなルネッサンスとして「再生」してしまっている。

古代を完璧に咀嚼しているという意味ではカンピドリオ広場も同じではあるが、ミケランジェロのオリジナリティーあふれる宮殿や広場のデザインは、彼が自在に取り込んだ古代を明快に表している。まずは、広場の中心に据えられたローマの皇帝の騎馬像と、アプローチとなる階段やセナトーリオの前に置かれた古代の神像によって、次に、三つの宮殿のファサードを飾る、リズミカルに繰り返されるコリント式の柱と、柱の上に渡された梁との美しいプロポーションによって。それらは、丘の背後のフォロ・ロマーノに残る彫像や神殿や凱旋門の姿をはっきりと予想させる。

セナトーリオの左右どちらでもいい、美術館との間の狭い短い通りを抜けると、そこはカ

フォロ・ロマーノ。柱だけが残る神殿の間に、セヴェルス帝の凱旋門が見える

ピトリーノの丘のはずれで、視界は一気に広がる。眼下には白い大理石の、碑文と浮き彫りで飾られたセプティミウス・セヴェルス帝の凱旋門、少し先の左手、レンガで積まれた地味なつくりの倉庫のような建物は元老院議事堂だ。南東に振れる軸線の延長には半壊したコロッセオを望み、広々とした空間を隔てて残るレンガの壁や、かろうじて梁を戴いている何本かの柱が、たくさんのバジリカや神殿の姿を彷彿とさせる。

　だが私は、カピトリーノ広場のルネッサンスが内包していた古代ローマを眼前にしながら、残された都市の残骸に一瞬途方にくれる。遺跡の石の上に広がるさっぱりとした空間と、その空間のあちこちに立つ廃墟と化した神殿の柱は、時に洗われた砂漠の動物の骨や、海岸に打ち上げられた流木のように美しいが、豊かな古代の可能性を見せつけられたあとでは、この落差の大きさにしばらくなじめない。

けれども、いやだからこそ、今見てきたカンピドリオ広場にミケランジェロが与えた調和が、たとえこの地の整備を命じた教皇の意図が、キリスト教の古代の異教に対する優位を示すものであったにしても、それ以上に、ルネッサンスが憧れとともによみがえらせようとした古代ローマを、ヴィットリオ・エマヌエレ二世記念堂のように覆い隠し睥睨するのでなく、柔らかく抱き取っていると感じるのだろう。

脈々と流れる時代精神

何よりここには、大きく区分けされた時代が三つ、目の前に並んでいるのを見る面白さがある。異なった時代が隣り合っているのはローマの特色だが、このフォロ・ロマーノ、カンピドリオ広場、そしてヴィットリオ・エマヌエレ二世記念堂の連なりほど、ある時代が後の時代に及ぼした影響をはっきりと感じとれるところは少ない。これが私がカピトリーノの丘を重要視する三つ目の理由だ。

最初にローマを訪れたとき、私はフォーリ・インペリアーリ通りの真ん中あたりの入り口からフォロに入った。そのときは、ただ累々と広がるフォロの残骸に、石でさえ朽ちると、崩れた石が風化した砂が、風にさらさらと音を立てて流れていくのを見た気がした。フォロの突き当たりのカピトリーノの丘を意識することもなく、かつて繁栄しそして滅びた文明を伝える遺跡に、感傷的な親しみを覚えただけだ。

だが、その後ヴェネツィア広場からカピトリーノの丘に登り、フォロを見下ろしてから遺跡の中に下っていくと、印象はまったく違っていた。古代ローマ帝国は確かに滅びたかもしれない。けれどもローマが確立した時代精神や感性は、繰り返し生まれ変わり、生き延びてきたのだ。それは古代を見事に「再生」したカンピドリオ広場だけのことではない。過去の上に君臨し、威圧するかに見えるヴィットリオ・エマヌエレ二世記念堂でさえ、白大理石の柱廊や、左右の端の古代神殿風のファサードや、ローマの皇帝を思わせる国王の彫刻など、結局は古代ローマに完成された様式や美を踏襲しているにすぎないのだ。

生活と結びついたキリスト教

ローマ帝国末期、時代の大きな変わり目に力を持つようになったのはキリスト教だった。コンスタンティヌス帝がキリスト教を公認した四世紀には、サン・ピエトロ寺院などいくつもの重要な教会が建てられている。帝国が崩壊すると教皇の力が強大となり、ついには教皇領という領土を持つまでになる。ローマはキリスト教の都市国家となったのだ。そんなわけでローマには教会が多い。

教会はイタリアのどの都市においても、その都市の歴史と文化を伝える重要な建造物だが、ローマにおいては殊に代々の教皇が、神の力（カトリックの力、あるいは教皇の力）をわかりやすく人々に伝えるために、教会建築や内部の装飾に力を注いだ。その結果ローマの教会は、都市ローマの歴史と芸術を伝える第一級の観光モニュメントとなった。

だが教会は、冠婚葬祭用の宗教しか日常に持たない私たちにとっては、少しとっつきにくいモニュメントではある。宗教が違うというよりも、日常の中に宗教が染み込んでいる度合いが違うのだ。

静かな教会の入り口で、自然なしぐさで十字を切る旅行者を見るとき、宗教画の前で、小さな女の子を抱きかかえた父親が、キリストの生誕の物語について小声で説明しているのに出会うとき、ぴったりとしたジーンズにTシャツ姿の黒い肌の少女が、聖人の墓の壁に体を押し付けるようにして祈っている背後で、私は自分が違う星からやってきたかのような疎外感に襲われる。

彼らは朝日に向かって手を合わせていた祖母の姿を思い出させるが、それははるか遠い昔のことで、今の私の日本の暮らしの中にあっては、ほとんど見ることのない姿だからだ。それは、初詣でお賽銭を投げ入れるのや、仏前にお線香をあげるような、そのときだけの、プリミティブではあるが形骸化した習慣ではなく、日常に食い込んだ、生きた信仰の姿だと思える。しかもそれはイタリア人や欧米人でなくとも、キリスト教という共通の分母を持つ人なら誰もが共有できる、日常の身近な感覚なのだ。

イタリアの祝日は全部で十二日あるが、そのうちまったく宗教と関係ないのはたったの三日、四月二十五日のイタリア解放記念日と、五月一日のメーデー、そして六月二日の共和国建国記念日だけだ。あとは全てクリスマスや復活祭のようなキリスト教の祝日であり、元旦でさえ元はカトリックの宗教的な意味合いを持った日なのだという。

これ以外にもイタリアの各都市には守護聖人がおり、その聖人の祝日が設けられている。また守護聖人は街だけにいるのではない。一年三百六十五日全てに守護聖人がいるので、生まれた日の守護聖人が、その人の守護聖人になるし、各職業にもその職業を守る聖人がいる。それればかりではない、イタリア人の、マルコ、ジュゼッペ、ジョルジョ、エレナ、カテリーナ、フランチェスコなど、頭にすぐに浮かぶ、今もしばしば耳にする名前は、全て聖人の名前なのである。

このようなことに思いを巡らせるにつれ、私が感じる疎外感は、宗教がこれだけの影響力を持って、長くひとつの世界のあらゆる側面に浸透していることに対する、どこか畏怖を含んだ驚嘆に形を変えていく。

キリスト教は人々の暮らしと分かちがたく結びついてきた。精神的な礎としての信仰というだけにとどまらず、おびただしい数の芸術的な遺産を産み出す源泉となり、社会保障を担い、十字軍として異教徒と闘い、イタリア半島の都市国家と領土を争い、北ヨーロッパの王に神聖ローマ帝国の冠を与え、歴史を動かす政治的な力としてもヨーロッパ世界に君臨し続けた。

それらのことを思うとき、キリスト教が古代ギリシャ・ローマ文明と並んで、ヨーロッパを形づくるもう一本の柱であるということの、ようやくぼんやりとした理解の入り口に立つ気がする。

とはいえそれを本当に理解することなど、かなわぬことだ。私は、宗教というものに対する疑問はひとまず脇に置き、疎外感と驚嘆と好奇心は抱えたまま、素朴でありながらも雅やかな中世のモザイクの美しさや、荘厳で壮麗なバロック建築の迫力などを、感じとるくらいしかできない。

「時代」が重なり合った教会

だが教会もまた、ローマではローマ的な特徴を鮮やかに見せてくれる。すなわち、カピトリーノの丘で、異なった時間が隣接する時間に流れ込んでいたように、教会においても、時間は重なり合い、あるいは見事に溶け合っているのだ。

誰もがローマで訪れるサン・ピエトロ寺院も、紀元一世紀には競技場で、ここにペトロ（サン・ピエトロ）の墓があったのを、コンスタンティヌス帝がその墓の上に大聖堂を建てたのが始まりだ。だが、このカトリックの総本山はミケランジェロやベルニーニらによって、見事すぎるほどの華麗さと重々しさで建て替えられ、過去を完全に飲み込んでしまっているので、溶け合う異なった時間を目で見ることはできない。

だいたいがイタリアの主だった教会は、どれも長い時間をかけて修復を繰り返しているから、中世の内部にバロックのファサードを持つくらいはざらだ。だが初期キリスト教の教会どころか、それ以前、古代ローマの時代の建造物と鮮やかに融合を果たしている例は、ローマ以外ではそう見ることはできない。そのような例として、ここでは二つの教会と神殿をひとつあげておこう。

まずはコロッセオの少し東のサン・クレメンテ教会である。ここには上から、十二世紀の教会と、四世紀の初期キリスト教の教会が二層に重なって建てられているが、十九世紀半ばに、さらにその地下に古代ローマのミトラ教の教会を含む遺跡が発見され、三つの時代を順にたどって見ることができる。

一階の、色大理石のモザイクで美しい模様が描かれたコズマーティー様式の床や、後陣を飾る精緻な金色のモザイクを鑑賞し、地下一階のフレスコ画を見たあと、地下二階に下りる。古代ローマは十二世紀にはすでにこんなに深く埋もれてしまっていたのだ。

古代の遺構はまるで洞窟のようで、あっけらかんと青空の下で風に吹かれていた遺跡の親しみは、ここでは感じることができない。雄牛をいけにえにささげるミトラ教という秘儀めいた宗教のためか、どこか人を拒絶するような雰囲気もある。それなのに、時の迷路のようなこの空間をうろついていると、二千年前の空気がそのままそこに残っているような、不思議な生々しさに捉われる。ここでは時間は流れず、ただ静かにそこに、重なってあるのだ。

コロッセオの前の露店や土産物屋で売っているガイドブックに、古代ローマの遺跡の写真に簡単な解説を付けたものがある。各国語で出ていて、もちろん日本語版もある。数年前に何気なく買ってから、私はすっかりこの本が気に入ってしまい、何かというとよく眺めている。

この本が面白いのは、今の遺跡の写真の上に透明なフィルムを重ね、そこに古代ローマの想像復元図が描かれているからだ。たとえばフォロ・ロマーノでは、神殿の柱が描き足され、階段が付けられ、三角の破風は浮き彫りで飾られ、屋根がかぶせられ、屋根の上にも金色の彫像が載せられていたりする。すき間なく切り石が敷き詰められた舗装道路の両脇に、大理石の巨大な建物が並ぶ様は、古代というよりむしろ近代の都市のようだ。

バジリカや皇帝のドムス（私邸）の内部は、カラフルな色大理石が床や壁を覆い、ドームを重ねた天井は浮き彫りやフレスコ画で飾られていて、にわかには二千年前の姿とは信じがたい。これは規模においても、技術においても、美しさにおいても、今私たちが目にすることのできるサン・ピエトロ寺院に匹敵する。あるいは豪華な五つ星のホテルやコンサートホールのエントランス部分のようだ。

それだけに、復元図を眺めたあとにフィルムをめくって現れる遺跡の姿は、あまりに痛々しい。どれほどの破壊がなされたのかと、あらためて胸を突かれる。古代ローマの都市は、弱体化したローマを襲ったゲルマン民族にじゅうりんされたり、異教の神殿としてキリスト教徒に破壊されたり、あるいは建材を調達するための石切り場となったりしたために、失われてしまった。

ある。

公衆浴場と教会と

だがその建造物が、キリスト教の教会として、一部、あるいはほぼ全てが生き残った例がある。

共和国広場に面したサンタ・マリア・デッリ・アンジェリ教会は、三千人の収容人数を誇る古代ローマ最大の公衆浴場の、ほんの一部を利用して作られた教会だ。ローマの公衆浴場は、屋外プールやいくつもの浴室のほか、体育館や図書館や庭を持つ一大複合娯楽厚生施設だった。

ミケランジェロはこの遺跡のレンガの半円形のくぼみをファサードとし、浴室の一部を教会とした。時代は、ようやく古代ローマの偉大さに気付いた芸術家や教皇によって、調査や保存が行われるようになった十六世紀のことだ。

しかしもしそうとは知らず、レンガの壁の上方のめだたない十字架にも気付かなければ、教会のファサードはただの遺跡のくぼみとしか見えない。遺跡の崩れた壁をそのまま残すという意表をつくこのデザインは、ミケランジェロの古代ローマに対する賛辞ではあるだろうけれど、それを許すキリスト教の余裕の表れと取ることもできる。

またミケランジェロが、破綻のない、バランスを重んじるルネッサンスをはみ出していく芸術家であるということもうかがえるし、少し後の世に、ピラネージが取り付かれたように描き出した古代遺跡の美しさや、あるいは廃墟に美を感じとる現代的な感性にもつながるようで興味深い。

だが古代が残るのは、ファサードだけではない。地味な外観からさしたる期待もせずに中に入ると、予想以上の空間の広さに驚かされる。外観から内部の壮大さをある程度予感させるサン・ピエトロ寺院より、むしろ感動的かもしれない。その空間の広さは、八本の赤御影石の円柱と、頭上高くかけられた巨大なヴォールト天井によっている。

十八世紀の改装により、元の面影はだいぶ失われてしまったと言うが、私は天井と石の柱が作る空間の広がりを感じるだけでも、この教会に入る価値はあると思う。くすんだ赤色の温かみを感じさせる柱は、とても一人の腕を回しただけでは抱えきれないほどの太さで、古代の建物の復元図が、決してただの想像図ではないと教えてくれる。

パンテオンが生き延びたわけ

パンテオンが、ほぼ完全な形で現代まで生き延びることができたのは、他の古代ローマの神殿がほとんど柱しか残されていないことを考えると、奇跡のように思える。なぜこれほどの保存状態で残ったかというと、この神殿が七世紀の初めからずっとキリスト教の教会に転用されていたためだ。

おびただしい数の神殿を破壊した、あるいは破壊されても平気であったキリスト教が、教会という形で神殿を守ったことはとても不思議だ。だがどのような理由であれ、たったひとつであっても、特にパンテオンという想像を絶する古代の建築が守られたのは、それだけで賛嘆すべきことだ。石の文化が長い時間を生き延びることができるのも、材料が堅牢な石であるからというだけではない。それはやはり人間の継続する意思がなせるワザであるということ、そしてそれが大変難しいことを、ローマの遺跡を見てきた私たちは知っている。

一帯は十二〜十三世紀ごろからのごみごみした街並みで、タクシーでパンテオンまでと頼むと、あまりに一方通行を右に左に折れ曲がるので、方向感覚を失うほどだ。神殿に横付けしてくれるタクシーは楽だが、少し迷ったりしながら徒歩で神殿に出会うのもいい。この場合どの方角から出会うかで神殿の最初の印象はかなり異なる。

背後からの神殿は、実にそっけない。どう見ても土色の巨大な円筒にしか見えない。だが私は案外この後ろからのアプローチが好きだ。たぶん一番最初がそうだったからだろうが、正面に出たところで、十六本の太い柱が大きな三角の破風を戴いているのを見てああ神殿だ

パンテオン内部。壁も床も華やかな色大理石で覆われているが、広々としているのですっきりと感じられる

と気付き、入り口から入ったとたん、今ぐるりと回ってきた円筒が作り上げている広々とした空間に、いきなり放り込まれる感じがない。二段階に驚かされてなんだか得をした気持ちになる。

一世紀に建てられ、二世紀にハドリアヌス帝によって再建されたこの神殿は、全ての神にささげられたパンテオン（万神殿）だった。かつて神々の像が置かれた壁がんは、礼拝堂や、ラファエロや十九世紀のイタリア統一の王ヴィットリオ・エマヌエレ二世の墓になっていたりする。

ふと、頭上を覆うものも、空間を遮るものも、何もないことに気付く。手足を大きく広げて伸びをしたくなる。内部にはこれだけの広さにかけられた丸天井を支える、一本の柱もない。直径も高さも同じ四三・三メートルの球形の空間だけが、小さな人間の体を取り囲んでいる。

巨大なドームは天然のコンクリートでできている。古くは石材をつなぎ合わせるだけだった石灰モルタルは、このころすでに単独の構造材にまで進化していた。しかも、数々の建築学的な工夫で実現したこのドームをしのぐものは、鉄骨建築が現れる十九世紀まで造られることがなかった。建築家としてのハドリアヌス帝の才能と、古代ローマの技術力にため息をついていると、次の驚きがやってくる。さきほど頭上に何もないと感じた真の理由だ。

円筒形の壁の上から、重量を減らすために四角くくぼみを入れたコンクリートの格間が、湾曲し次第に小さくなり、ドーム中心に向かって積み重なっていく。そのドームの真ん中が、ぽっかりと丸く開いているのだ。丸窓の直径は九メートル。窓からは雲が流れる空がのぞき、そこから光がまっすぐに射し込んでいる。外界から壁と屋根で内部を隔て、囲み、切り離すのが建物の役割なのに、ここでは建物は天井に丸く切り取られた空洞を作るのが目的だと言わんばかりである。そしてその丸窓は、球体の空間を直接外界に、それも空につなげているのだ。

ローマにも数多いバロックの教会の天井画に、天使や聖人や（プロテスタントではなくカトリックを信じる人々が、渦巻く雲とともに天に昇っていくトロンプルイユ（だまし絵）がある。遠近法を駆使して描かれたリアルな表現は、芸術を宗教の宣伝（布教）に効果的に用いたキリスト教の真骨頂を発揮していて、見る者を圧倒し、しばし天に吸い込まれるような幻影に酔わせてくれる。私はこの手の天井画を見ると、驚嘆と陶酔を与えてくれたことに対して、素晴らしいテクニックを駆使した明快な解説に、お見事！と、拍手を送りたくなる。

だがパンテオンの天につながる丸窓には、その空洞をつくり上げるために驚くべきテクニックが用いられたにもかかわらず、人間の力を誇示するようなところがどこにもない。あるのは、人間の力を最大限に発揮したあと、ポンとその先を天に向かって投げ出し、委ねてしまう豪胆な謙虚さだ。

そこに集った観光客と一緒に立ち尽くし、丸い空を見上げていると、その空から差し込む光の道を、ただ無垢な気持ちになって空を見上げる人間の魂が、天に向かって登っていくような気がしてくる。おそらくこれは宗教の違いを超えて、あるいは宗教などというものすら超えて湧き起こってくる、敬虔なある感覚なのだ。その意味で、まさにパンテオンは万神殿だ。この空間を教会に転用した人々も、きっと同じ気持ちだったのだろう。そう思うとなんだか嬉しい。

だが突然、私は現実的な問題に直面する。雨の日には、もちろん雨が降り注ぐのだと。残念なことに、私はまだパンテオンの中で雨に降られたことがない。経験者は「傘をさして入りましたよ」とこともなげに言うが、ローマ時代のままに修復された美しい色大理石の床に、あの窓からどんなふうに雨が降るのか、いつか見てみたいと思っている。

第二章　ジェノバとチンクエテッレ─海を臨む街

岩のうえに築かれたチンクエテッレの村、マナローラ。
街の外れには急な斜面にぶどうの段々畑が見える

思いたって気になる街へ

ずっと行きたいと思いながら、なかなか行けない場所というのがある。交通の便が悪かったり、情報が少なかったりするせいか、気持ちがイマイチ盛り上がらないのだ。無理やりプランを立ててみても、なぜか話が具体的に転がっていかない。

私にとってリグーリア州がそういうところだった。東京で開かれる世界旅行博のイタリアブースで、現地のツアーオペレーター（手配業者）から、海がきれいだ、食事もおいしい、と色々話を聞き、地図やパンフレットをもらってきても、具体的なイメージはなかなか膨らまなかった。

それが数年前、イタリアの世界遺産を順番に訪ねていく、シリーズ物のプランを考えているとき、ふとリグーリア州のチンクエテッレが頭に浮かんだ。まだあまり日本で紹介されていない、しかも個人で回るには少し大変なところを最初に持ってこようと思ったのだ。このときは不思議に気持ちがなびいた。機が熟したとでもいうのだろうか、ようやく二〇〇五年の夏に、以前から気になっていたリグーリア州に出かけることになった。

チンクエテッレという、絶壁と海に囲まれていたために、昔ながらの自然と暮らしが残る、時が止まったかのような村々を訪ねるのに、私はジェノバからのアプローチを選んだ。列車と船でチンクエテッレを見たあとは東リビエラの海岸をピサまで下り、フィレンツェから帰ってくるというコースである。このとき私は、チンクエテッレにばかり気をとられていて、ジェノバについてはただのゲート都市としか考えていなかった。リグーリアの州都ジェノバは、名前だけは知っているものの、他の華やかな歴史を持つ都市の陰に隠れて、あまり表に出てくることのない街だった。

港に浮かぶオレンジ色の光

夜、ルフトハンザを二回乗り継いでジェノバのクリストフォロ・コロンボ空港に着いた。成田からのフライトならミュンヘンで一度乗り換えればすむけれど、名古屋からは一度でジェノバに入れる便がないのだ。ただ空港での待ち時間が少ないためか、案外スムーズに着いたな、という印象だったたし、それほど疲れてもいなかった。友人はあとから合流する予定で、私は一人だった。

日本からイタリアの地方空港には、欧州系の航空会社を利用してその日のうちに到着できる。ヴェネツィア、フィレンツェ、ボローニャ、ナポリなどの主だった地方空港は、ジェノバもだが、ヨーロッパ各地とダイレクトにつながった国際空港なのだ。また空港は街からそれほど離れていないので、到着してすぐにホテルのベッドで体を伸ばせるし、翌朝から目的の街を観光できることもあって、私はよく地方空港を利用する。

国際空港といっても、地方の、とくに入国ゲートは実に簡素だ。ヨーロッパ域内二十六カ国が調印し、十五カ国（二〇〇八年から十六カ国）が実施しているシェンゲン協定のため、入国審査はトランジットで降り立った最初の協定国で済んでしまっている。小さな飛行機からバスで運ばれ、空港の施設に入ってすぐのドアをくぐれば、そこは荷物の出てくるターンテーブルで、荷物を手にして、これまたすぐ目の前のＥＸＩＴを通り抜け、出迎えの人の群れの背後に目をやれば、もうタクシー乗り場といった具合だ。いきなりイタリアのディープな場所に立っていることに気付いて、こんなに簡単でいいのだろうかと、なんだか頼りない気持ちになる。でもすぐに、久しぶりに訪れた、東海道線沿線の中規模の駅に着いたような気安さと親しさに捉われる。地方都市に共通の匂いとでもいうものが、あるのかもしれない。ジェノバの空港もそんな空港だった。

ましてジェノバは、過去にヴェネツィアと覇を競った海洋国家というだけでなく、現代でもイタリア最大の港湾都市だ。タクシーが走り出してすぐに現れた高速道路の高架橋や、灰色のビルが立ち並ぶ様子は、その日の朝あとにしてきた名古屋にも通じる、これはもう世界共通の近代的な都市の相貌とそう変わらない。

だからと言ってもともと期待もしていなかったから、そうがっかりするわけでもない。そのときの私は、いつも感じるイタリアと日本との落差より、なんだ日本とそんなに変わらない街もあるんだという、考えたらあたりまえのことを改めて思ったりした。

タクシーは海沿いの道路をしばらく走っていた。右側の海は夜の闇にまぎれて何も見えない。それで陸側ばかり見ていた私は、港が現れたのにしばらく気付かなかった。きらめく光が視界に入って視線を移すと、そこにはイタリアのどの街の夜を照らすのとも同じオレンジの光が、それがローマなら遺跡を照らし出すのを、ジェノバでは船と海と、舞台の上の書き割りのような港の建物を照らしていた。

私は虚を突かれた思いで無数の光に見とれた。その光は落ち着いていて決してきらびやかではない。それなのに心を騒がせる力があった。港特有の無機質な色合いがないのは、余分なものを夜の闇が隠しているせいもあるだろうけれど、オレンジの光のせいでもあった。もしこれが青白い蛍光灯で、港の全てをあからさまに見せられていたら、やはり私は日本とそれほど変わらないと、思ったのかもしれなかった。

全長三〇キロにも及ぶという港は、タクシーがかなりのスピードで走っているにもかかわ

バロックや新古典主義の建物に囲まれたフェラーリ広場

らず、なかなか途切れなかった。今もジェノバというとあのときの海に漂うオレンジ色の光が目に浮かぶ。私とジェノバは幸福な出会いをしたのだった。

中世から多国籍都市

港を背にして街に入ったタクシーが、旧市街のはずれのホテルに向かって、大きくぐるりと広場を半周した。ジェノバの街のほぼ中心にあるフェラーリ広場だ。何本もの水が円の中心に向かって緩やかな放物線を描く、つまり公園などによく見られるような噴水が真ん中にある。

広場を囲んでいるのは押し出しの強い、ドームを載せたバロック風の建物や、ローマ神殿風新古典主義のファサードを持つ大きな建物で、それらは銀行や劇場だとあとでわかった。このあたりは旧市街でも比較的新しい街並みが続く地域なのだ。

旧市街のほとんどは、このフェラーリ広場の少し南東にあるサンタンドレア（ソプラーナ）門から、西の外れの旧港に突き当たるまでの六〇〇メートルを底辺に、その旧港沿いに北に一キロほどのヴァッカ門までを高さとした、長方形の間に広がっている。ジェノバの街は背後の丘陵地帯に向かう斜面に造られているので、海に出て街を望むと、港に平行に走る通りに沿って立つ建物が、まるで段々畑のように下から上に重なっているのがわかる。

このような地形的な理由もあって、ジェノバの道はとても複雑な絡まり方をしている。中世の街の特徴である平面的にも曲がりくねった小路に加えて、立体的にも、高低差を持った坂や階段がそれらの通りをつないだり、あるいは断ち切ったりしているからだ。このような街を歩くのは楽しい。

私は翌朝、ホテルからすぐの旧市街にいきなり入ってしまうのではなく、律儀にもフェラーリ広場から銀行街を抜けてサンタンドレア門まで回り道をし、「新大陸」を発見したあのコロンブスの「生家」を見た後、旧市街に入ってみることにした。とりあえずの目的は北西のヴァッカ門で、そのあとのことは考えていない。

十二世紀に建てられた、半円筒の二本の砦に挟まれたサンタンドレア門には、砦に接してわずかだが城壁も残っている。ジェノバは、中世には堅固な門だけを出入り口とした、城壁に守られた都市だったのだ。

門を入ると、港に向かう細い急な下り坂となった。少し歩くと右手に大きく空間が広がり、その広場の奥には十六世紀のデュカーレ宮殿（総督官邸）が建っている。デュカーレ宮殿は、今では展示場として使われており、このときは浮世絵展をやっていた。ジェノバには日本美術を収蔵するキオッソーネ美術館があることから、そのコレクションの一部が特別展として開催されていたらしい。キオッソーネとは明治維新後、日本に招かれて造幣技術を伝えたジェノバ人である。

広場が終わるとすぐ現れる教会はサン・ロレンツォ大聖堂。十二世紀から十六世紀にかけて建設された、白と黒の大理石が横じまを描くファサードは、浮き彫りや石の象嵌《ぞうがん》など細かな細工が施され、なかなかの迫力だ。

大聖堂を見学したあと、このサンタンドレア通りから一本南の通りに足を踏み入れてみた。そこは車も通れないほどの道幅の、ジェノバの台所とも言うべき通りだった。屋台に並ぶ新鮮な魚や、店頭に積み上げられた色鮮やかな野菜に目を奪われる。リグーリア州はオリーブの産地でもあるので、さまざまな大きさのオリーブや、野菜の瓶詰めなどを扱う専門店もある。海の幸も山の幸も豊富なのだ。

私はこういう、人々の暮らしが垣間見える通りを歩くのが好きだ。ましてここは中世からの通りだ。今と変わらない種類の魚や、十五世紀に新大陸からもたらされる以前には、トマトや唐辛子はなかったかもしれないが、それでも同じような姿の野菜が、ずっとこうして並んでいたはずだ。きびきびと忙しく働く人たちの姿も、何百年も変わっていないだろう。ほとんど下調べもなく訪れた街で思いがけず出会った風景に、私の気持ちは浮き立った。

昼の港は、驚くほど夜とは違っていた。旧港なのでやはり周辺に古い建物は多いが、近年建てられた水族館や、モダンな球形のガラスの植物園や、甲殻類が足を伸ばしたようなハイパーモダンな不思議な建造物がある。これはどうやら大観覧車のようなものらしい。植物園と「大観覧車」は関西空港を設計したジェノバの建築家、レンツォ・ピアーノの設計である。

昼食をとり、「大観覧車」には乗らず、遊覧船で海上からジェノバを眺めたあと、私はヴァッカ門に向かった。このあたりにはジェノバの昔の港町の面影がよく残っていると、ガイドブックにはある。夜の一人歩きはすすめられない、とも書かれていたので、期待と緊張が相半ばしていた。だが、人であふれかえったサン・ルカ通りは、それほど恐れることもなさそうに見えた。

やはり車の通れない狭い通りの両側は、ほとんど全てが小さな商店だった。あまり高級なものは扱っていないようだが、どんなものでも揃いそうだった。靴屋、ブティック、下着店、電気屋、本屋、ときどきバール。そんな中にインターネットカフェがあった。ガラス越しにのぞいてみると、パソコンの前に座り、マウスを握っている若者は全てアラブ系の顔立ちをしている。

そう言えば、通りを歩いている人の群れの中にも、アラブ系の人々がいる。いやアラブ系だけではない、南アジア系だったり、あるいは中国人らしい東洋人もいる。白人の観光客、地元の人々…。いないのは日本人くらいのものだ。

港に大きなフェリーが泊まっていたが、その船体に

多国籍なサン・ルカ通りのにぎわい

チュニジアと書かれていたのを私は思い出した。港町とはこういうことを言うのだと、私は初めて学習したような気持ちになった。そして何百年も前からずっと、同じように、さまざまな肌の色の人たちがこの通りを闊歩していたのだと気付く。ただ身にまとっているものが違うだけなのだと。

道行く人は誰も私になど目もくれない。たまに店の前に立つ店員の視線が私の上に留まることはあっても、客ではないとわかるや、すぐにその視線ははずされてしまう。無国籍というか多国籍というか、そのなかに埋没する快感を私は知った。

小路はタイムトンネル

ヴァッカ門をくぐると、車の往来の多い特徴のない通りに出てしまい、私は今出た門を再び入った。同じ通りを中ほどまで戻ってみる。だが地図によると、ホテルにも程近いガリバルディ通りまで、旧市街の細い小路を北にたどればすぐのようだ。私は適当にあたりをつけて、とある商店の角を左に折れた。

いきなり、違う世界に入ったような気がした。それまで歩いてきた通りのにぎわいがウソのように、小路にはひと気がない。バーのネオンの看板がひとつ、壁に突き出ているが、それも壊れているように見える。あとは住宅なのか、倉庫なのかもわからない、寂れたドアがちらほら見えるだけだ。

「特に夜は、地元の詳しい人と一緒の場合以外は、絶対裏通りになど入らないこと」。ガイドブックの一行が頭をよぎった。だが今は昼間だし、ガリバルディ通りまでは一〇〇メートルほどの距離にすぎない。一気に抜けてしまおうと、私は思った。

これはあまりすすめられることではない。イタリアには観光客をねらった凶悪な犯罪は少ないが、街には危険な地域というのがある。そんな場所には近寄らない、というのは安全な旅の鉄則だ（もしここがナポリの危険な地域だったら、私は迷うことなく同じ道を帰っただろう）。

小路はあまりにがらんとしていた。その静寂はまるで、ジェノバが海運国として栄えた、十四世紀そのままのようだった。

だが目指す通りまで、一〇〇メートルではたどりつけなかった。右に左に折れ曲がる道の何本かは、袋小路だったりした。救いは方向感覚を失わないですんだことだ。とにかく上へと登っていけばよいのだ。下れば港、上ればガリバルディ通りなのである。

一人の人にも会わずに、私は歩いた。

突然、坂道の上方に、開けた、平らな、光に満ちた通りが見えた。ガリバルディ通りに出たのだ。

それまでの小路とのあまりの違いに私はあぜんとした。ガリバルディ通りは、大きな切り石を敷き詰めた広い通りで、入り口には進入禁止の車止めが置かれ、見張りの警官まで立っている。そして通りの両側には、ルネッサンスの華やかな館が立ち並んでいるのだ。この通りにも、サン・ルカ通りのにぎわいはなかった。小粋な身なりの老夫婦が犬を散歩させたり、スーツ姿の女性が書類かばんをかかえて颯爽と歩いているだけだ。

私は今登ってきた小路を振り返ってみた。ガリバルディ通りにはまだ陽があるのに、小路はすでに薄い闇に覆われている。だがその小路は、二百年の時間を潜り抜けるタイムトンネルのように、私には見えた。

スペインが新大陸から持ち込む銀の取引を一手に引き受け、金融業で繁栄した十六〜十七世紀、ジェノバ共和国は、世界から訪れる来賓用の宿泊施設として利用するために、貴族の大邸宅を登録させ（そのリストをロッリという）、ガリバルディ通りに代表される、それらの館が立ち並ぶ通りを新たに整備した。

これらの、当時建てられた富裕貴族・商人のための市街区が、〃レ・ストラーデ・ヌオーヴェ（新しい通り）とパラッツォ・デイ・ロッリ（ロッリの館）〟として、ユネスコの世界遺産に登録されたのは二〇〇六年のことだ。

このニュースを聞いて私が思い浮かべたのは、素晴らしいルネッサンスとバロックの館が並ぶ静かな通りもだが、建物をひとつ隔てた小路を支配する静寂と、さらにすぐその下の〝古い〟通りに満ちあふれていた、港町の猥雑な喧騒だった。どちらの時代にもコスモポリタンな都市であったジェノバ。ルネッサンスのセレブリティーも、豪華な館に泊まりながら、案外中世の港町の少しいかがわしいけれどエネルギッシュな雰囲気を、楽しんだのかもしれない。

風と波が遊ぶ小道・チンクエテッレ

ジェノバは巨大な、海に向かって開かれた街だ。高低差を伴って何層にも重なる道は、どれほど細くとも街の中を血管のようにめぐり、時間を縦に貫き、やがて大型客船やタンカーが停泊する港へと至る。

一方、同じように海に面して築かれたチンクエテッレは、開けたと言うより、海によって閉ざされたと言ったほうがしっくりくる。訳せば「五つの地」となる小さな村々は、ジェノ

●はチンクエテッレの５つの集落

バから海岸線を南に三〇キロほど下ったあたりに隣り合って並ぶ、他の地域から隔絶された五つの集落だ。成り立ちは十一世紀にさかのぼるというが、村同士の行き来すら船に頼るしかないこれらの地は、鉄道が通じる一八七四年までは文字通り陸の孤島だった。

　鉄道だけでなく数十年前に道路も通じたとはいえ、チンクエテッレは、やはり旅人にとってはなかなかアクセスしにくい地である。道路は村のはるか手前で車両通行止めになり、ハイシーズンともなれば、車は駐車場に入る列に連なったまま動かない。訪れるにはジェノバからの船による一日ツアー（夏季のみ）を利用する手もあるが、海岸線を、北のモンテロッソ・アル・マーレから五つ村を数えてポルトヴェーネレの岬を回りこんだ、ラ・スペツィア湾の奥の港町、ラ・スペツィアを拠点にするのもおすすめだ。

　ホテルの少ないチンクエテッレと違って、ラ・スペツィアでは宿も確保しやすく、ここから鉄道を使って各村を訪ねるのもたやすいし、定期船に乗って順繰りに村々を回るのも楽しい。

このとき私は、ジェノバから列車でラ・スペツィアまで移動し、あとは船を利用することにした。漁業のほかに、切り立った崖に作られた段々畑で、ワイン用のブドウや果樹、オリーブの栽培を生業とするチンクエテッレは、断崖絶壁という、ダイナミックで美しい、けれども住む者には過酷な自然環境と見事に一体化した集落を作り上げ、昔ながらの暮らしを千年にわたって守り伝えてきた。その姿に出会うには、やはり海からアプローチするのがふさわしいと思えたのだ。

海上から望むサン・ピエトロ教会と要塞

一日目は、海洋国家ジェノバの要塞都市として十二世紀に築かれた、ポルトヴェーネレを訪れる。港から海沿いに西に歩き、突き当たるのがサン・ピエトロ教会だ。教会の外壁はそこまでの道に敷かれた石畳と同じグレーで、塔より下は白い石が幾筋か横に挟まれ、縞模様を描いている。

簡素な内部をぐるりと見回し、右手の回廊に出ると、いきなり海から吹きつける横殴りの風に曝された。連続する小さなアーチの向こうは、水平線を境にした二色の青だ。濃い海の青と、それより少し薄い、夏の空の色と。風に帽子を飛ばされないようにしてのぞき込むと、眼下は切り立った崖で、教会は右と左に海を分ける、まさに岬の先端に建っているのだった。

それから、やはり石畳や教会と同じグレーの石で積まれた要塞に登る。壁に小さな窓が開けられていれば、やはり同じように海をのぞき込む。崖の下の海は澄んだ青緑色で、波が岩に白く砕けていた。

翌日、船でチンクエテッレに向かう途中に、またラ・スペツィアへの帰りにも、海上からこの教会と要塞を見た。その度に海からごつごつとせりあがる岩から生えてきたような迫力で、教会は私の目に焼きついた。自然が作り上げた岩の色と、人々がその上に築いた二つの建物の色が寸分も違わないことに、私はそのとき気付いた。

岩と親しく暮らす

ポルトヴェーネレを出た船はほぼ満席で、前方と上部のデッキだけで四十〜五十人ほど、屋根の下の船室に座っている人も入れるとかなりの人数だが、ほとんどは観光客だ。チンクエテッレの一番南の村、リオマッジョーレがゆっくりと近づいてきた。岩と岩の間のほんのわずかに開けた扇形の土地に、白、ベージュ、クリーム、ピンク、褐色など、カラフルな色の建物が急な斜面を這い登っている。

白っぽい石がささやかに並べられた防波堤の先は、港と呼ぶのが申し訳ないほど狭い。湾の一番奥にはただ岩が連なっているだけで、桟橋らしきものも見えない。船はそのなかの平らな岩をめざして進み、岸に着く前から伸ばされた細く長いタラップが、船の先端からその岩に渡された。もやい綱も、確かに岩に打ち込まれた杭につながれたのだが、これを着岸というのだろうか。船と岩の間は、波に押されて追突するのを避けるためか、何メートルも離れていた。

モンテロッソ・アル・マーレには砂浜があるというが、このとき訪れたマナローラもヴェルナッツァも、似たような岩場の村だった。どれほどこの地に住む人々が岩と親しく暮らしているかは、船のつく岸壁だけではなく、すき間なく密集した建物が途切れるところを見るとよくわかる。家並みの両端の建物は、巨大で不定形な岩を土台に、あるいは無骨な石の塊に見事にへばりつくように、建てられているのだ。ポルトヴェーネレの教会と要塞は岩と同じ色だから違和感がなかったが、人々が暮らすすみかは鮮やかな色に塗られているので、岩の色との境が際立っている。固い黒々とした岩と、柔らかな色合いの人間の暮らしの寄り添う様は、私たちになじみがないだけに、いっそう強烈に胸に迫った。

集落の真ん中のメインストリートに入ると、カラフルな五階建ての建物が上へ上へと重なっていて、視界は家並みでふさがれてしまう。かろうじて頭上の細長い空と、建物の上にわずかに顔をのぞかせた山の緑が見えるくらいだ。だが夏の太陽は、右側の建物と谷の底のような小道には影を落とすものの、視界の半分以上を占める左側の建物やその上の山には惜しげもなく陽射しを注いでいるので、あたりは陽気な光に満ちている。

ヴェルナッツァでは、時折建物と建物の間に現れる、細い、道というより階段を、気のむくままに入り込んでみた。建物が壁のように両側をふさぐ小道を、息を切らしながら上りつめる。小さな標識に導かれてたどりつくと、そこは教会だったり、目の前に海を見下ろす要塞だったりした。

だが、私がチンクエテッレで一番気に入った道は、車を閉め出した、集落を縦に走るメインストリートでもなく、その先に待ち受けるものに胸を躍らせてたどる、階段状の道でもない。それはリオマッジョーレから隣のマナローラまで続く、「愛の小道」と名づけられた海沿いの道だ。

「愛の小道」を歩く

いつからこのように呼ばれるようになったのかは知らないが、ロマンチックな名は五つの村をつなぐ全長一二キロのハイキングルートのうちの、リオマッジョーレとマナローラをつなぐ一キロほどの区間に与えられたものだ。のんびりとたどっても三〇分ほどなので、私と友人は昼食前の散歩にちょうど良いと、歩いてみることにした。

「愛の小道」からマナローラ駅と街並みを望む

あれほどたくさんいた観光客はどこへ消えてしまったのか、炎天下に歩くよりは岩場から海に飛び込みたいと思ったのか、あるいはメインストリートに軒を並べる土産物屋を冷やかしてでもいるのか、私たちの少し前を歩く、ベアトップに小麦色の背中を露出した女性と、彼女の腰に腕を回した若者以外には誰もいない。

　左手は一気に海まで落ちる崖で、柵から身を乗り出すまでもなく、細い列柱状の岩が小気味よく海に突き刺さっているのが見てとれる。右手、空まで伸びるその岩の続きには、ところどころに陽にあせたような緑色の植物が生えている。ウチワサボテンや多肉植物のなかでひときわ目を引くのは、銀色の鋸状の葉が、千手観音の腕のように勢いよく開いているリュウゼツランだ。

　以前シチリアでよく目にしたリュウゼツランが、北イタリアの海辺の岩場に、たくましく根を下ろしているのが意外な気がした。少し下ればトスカーナの海岸に至るこの地に、南のものと思いこんでいた植物が茂るのが不思議だった。

　小道の先の屛風のようにそびえる岩のあい間に、何軒かが固まった、濃淡のピンク色の建物が顔をのぞかせた。いつのまにかマナローラの村の手前まで来ていた。ポルトヴェーネレの教会の海に臨む回廊と違って、「愛の小道」には優しい風が吹き、岩を洗う波もおだやかだったので、三〇分の道のりはさして長く感じられなかった。

　屛風岩の手前下方には、海にせり出した線路が見える。プラットホームには数名の人影、その真ん中にマナローラと書かれた標識が立っている。私たちは駅に降り、村に続くトンネルをくぐった。

絶品、白ワインで蒸したムール貝

ヴェルナッツァに向かう船を待つ間に、昼食をとることにした。船着場への階段を目の前に見る広場の、レストランに入った。室内には一人の客もいない。外か、それとも中がいいかと尋ねられる。全ての客と同じように、私たちは広場の天蓋の下の、風が通る席を選んだ。

友人と合流するその数日前、私は一人でジェノバとチンクエテッレの中間あたりの港町にいた。そこのレストランで食べたムール貝がおいしかったので、もう一度試してみようと、白ワインで蒸したムール貝を頼んだ。正解だった。それは私が今までに食べたムール貝のなかで、一番おいしい一皿だった。

隣の席に座った、初老のイギリス人のカップルと目があった。おいしい？　と問われ、すっごく！　と答えた。彼らが同じものを注文する声を、私は幸せを分かち合える喜びとともに聞いた。

観光客相手の、夏のシーズンしか客が入らなさそうに見えるレストランが、予想に反しておいしいのが、嬉しかった。プラスチックの白い椅子と、風にはためくテーブルクロスが、嬉しかった。そして金色に輝く地元のハウスワインを飲みながら、私は、リュウゼツランの葉の中心からまっすぐに伸びた幹の左右に、腕を伸ばして張り出して咲く、黄色の花を思った。

リュウゼツランは花を咲かせるとその生涯を終える。いくつもの、洋服ブラシのような形の花房が空に向かって開く花は、だからその生を終える前の、生涯で一番華やかな時を謳歌していたのだ。考えてみれば、リュウゼツランの種はこの地に根を張る前、シチリアからまっすぐ北に海をたどって、流れ着いたのかもしれなかった。その生涯の何世代か前のことは知らない。けれども種は、乾いた風が吹く岩場をすみかとし、何年もの厳しい冬を耐え、明るい夏を迎えたのだ。

養分などほとんどない岩盤に茂る、たっぷりと水を含んだ葉の力強さに、岩場に刻まれた細道に優しい名前をつけ、その岩に寄り添って生き続けた人々と、彼らが住む、華やかな色合いの家並みが重なった。

一九九七年、ポルトヴェーネレと小島群を加えたチンクエテッレがユネスコの世界遺産に登録されると、訪れる観光客も爆発的に増えた。だが風と波が遊ぶ「愛の小道」は、いつまでもリュウゼツランが花を咲かせる、光がきらめく岩場であることに変わりはないだろう。

●おすすめモデルコース・夏編―列車と船で巡る港町●

【１日目】欧州系航空会社を利用してジェノバへ。

ジェノバ市内泊

【２日目】コロンブスの家、旧港、旧市街、サン・ロレンツォ大聖堂、ガリバルディ通り＊など、街歩きを楽しみます。

ジェノバ市内泊

【３日目】列車にてラ・スペツィアへ。ホテル着後、船にてポルトヴェーネレへ。　ラ・スペツィア泊

【４日目】船にてチンクエテッレ＊の村巡りへ。リオマッジョーレからマナローラまでは「愛の小道」を歩きます。

ラ・スペツィア泊

【５日目】列車にてフィレンツェ＊へ。ドゥオーモ、ヴェッキオ宮殿など、ルネッサンスの花の都、フィレンツェの街歩きを楽しみます。　フィレンツェ市内泊

【６日目】ウフィッツィ美術館、ポンテ・ヴェッキオなど。アルノ川を渡り、ピッティ宮殿やミケランジェロ広場まで足を延ばしても。　フィレンツェ市内泊

【７日目】フィレンツェ空港より帰国。

【８日目】日本着

※個人旅行、家族や友人同士の小グループにおすすめ。列車チケットは日本で用意できるが、船のチケットは現地で購入する必要があるため、個人旅行初心者は、全てを列車移動とするのも楽。あと１泊増やせる人は、ピサ＊かルッカに立ち寄るのもよい。（＊印は世界遺産）

第二部　田園で過ごすバカンス——アグリツーリズモのすすめ

第一章　アグリツーリズモへの第一歩

シエナのアグリツーリズモ「イル・ポデラッチョ」の中庭。真ん中は古い井戸

バカンス＝長期休暇ではない？

イタリアはバカンスの国だ。フィレンツェに暮らしていたとき、フリーペーパーの七月号の特集が〝どのように夏を生き延びるか〟というタイトルで組まれていたことがあった。つまり、フィレンツェの街はバカンスの間はゴーストタウンのようになるので、食料を調達できる場所やその他、生き延びるのに必要な情報を集めたというのである。そんなおおげさな、と私は思った。日本の正月じゃあるまいしと。

確かにゴーストタウンというのは言いすぎだった。フィレンツェは観光の街だから、観光客は相変わらず多いし、観光客目当ての店はしっかり開いてはいる。だが日常の買い物は、いつものようにはいかなかった。小さな八百屋や肉屋や雑貨店は交代で休みを取るらしく、買い物に行ってみたら休暇中と張り紙を出してシャッターがおりていることも多かった。

だが、皆こぞってバカンスをとるんだなと本当に思い知ったのは、別のことでだ。一九九〇年当時、住宅街に借りていたアパートの周囲は駐車禁止ではなかったから、建物の前の少し広い通りも、幹線道路に続く細い坂道も、一帯に住む住民の路上駐車場と化していた。最初はそれほど顕著ではなかった。今日はなんだか歩きやすいな、なぜだろうと不思議に思って、あ、駐車している車の数が少ないな、と気付く程度だった。それが次第に路上がスカス

トスカーナ州
フィレンツェ

フィレンツェ
アルノ川
サン・ジミニャーノ
モンテ
プルチアーノ
シエナ
ピエンツァ
シエナ県

カになっていき、ある日、ほとんど一台も車がなくなっていた。

文字で読み、人から聞かされて知っていることも、実際にその場で自分の目で見てみなければ、本当のところはわからない。バカンスというのは日本の正月とも違うし、ゴールデンウィークに一斉に観光地に繰り出すのとも違う。一年のうちのかなり長い継続した期間を、大多数の人が労働とは無縁の〝生活〟をすること。こう書いても、日本語に訳せば長期休暇となるバカンスのことを、果たしてどれだけリアルに想像してもらえるか、心もとない。

アグリツーリズモ＝農家民宿ではない？

同様のことは、〝アグリツーリズモ〟についても言える。〝アグリツーリズモ〟とは私がこの仕事を始めた最初から力を入れて紹介しているものだが、農家が提供する宿泊施設のことだ。だがこれも、アグリ＝農業、ツーリズモ＝旅行とすんなり日本語訳が当てはまり、簡単にイメージを描けるだけに、やはり始末が悪い。イタリアの田舎にある農家に滞在する、と聞いて多くの人が、日本の地方都市や観光地にある民宿と、ブドウ狩りなどができる観光農園を思い描くのは仕方のないことかもしれない。だがアグリツーリズモはそれらとはまったく違うのだ。あまりに違いすぎて、いったいどこからその違いを説いていったらいいのかと、途方に暮れるほどだ。

一番最初に〝アグリツーリズモ〟という言葉に出会ったのはいつだろう。少なくとも九八年に、トスカーナの田舎の小さな街モンテプルチアーノで三週間過ごしたときには知っていた。記憶はあやふやだが、おそらくそれ以前に女性誌に紹介されていたのではないかと思う。なだらかな丘に糸杉が並ぶ定番のトスカーナの風景とともに、こんな宿泊施設があると。アンティークな家具が配されたベッドルームや、生ハムやおいしそうな野菜が並ぶテーブルの写真も添えられていたかもしれない。とにかく私はこの三週間の滞在期間中に、一度アグリツーリズモに出かけてみるつもりでいた。

モンテプルチアーノのツーリストインフォメーションにはアグリツーリズモの無料のパンフレットがあった。パンフレットと言っても二百ページあまりの立派な本で、各ページには二軒ずつカラー写真とともにアグリツーリズモが紹介されていた。

驚いたのはこれが、トスカーナ州のシエナ県だけを扱ったパンフレットということだった。静岡県の約半分ほどの広さのシエナ県に、この本に紹介されているだけで約四〇〇軒近いアグリツーリズモがあるのだ。ちなみにshizuoka-ken.netというサイトで紹介されている県下の民宿は一一九軒。なお、静岡県の人口はシエナ県の約二十倍である。興味に駆られて、民宿とアグリツーリズモが何人に一軒となるかを計算してみると…、大雑把に言って静岡県では約三万人に一軒なのが、シエナ県では五〇〇人に一軒となった！（面積／静岡県：七七七九平方キロ、シエナ県：三四六四平方キロ、人口／静岡県：三七九万人、シエナ県：一九万四〇〇〇人）

もちろん、こんな数字の比較にさしたる意味はない。ただ、イタリアにはアグリツーリズモが本当に多いんだなということだけは、実感してもらえると思う。

あこがれの田園、南トスカーナ

シエナ県の州都シエナはフィレンツェから七〇キロほど南にある中世の都市で、ルネッサンスの時代にはメディチ家のフィレンツェと覇を競った街だ。世界で一番美しい広場と讃えられるカンポ広場と、中世のままの町並みに加え、シエナ派のルネッサンス絵画と、時代祭り（パリオと呼ばれる地区対抗の競馬）で名高い。

このシエナを抱くように広がっているシエナ県にはユネスコの世界遺産が四つある。まずはシエナの歴史地区、中世の塔の街サン・ジミニャーノ、そしてピエンツァという丘の上の

南トスカーナのアグリツーリズモの庭。プールの向こうにオルチャ渓谷が広がる

小さな街。ピエンツァはこの町出身の教皇によって整備された、ルネッサンスの理想都市と言われている。四番目、二〇〇四年に登録されたのが、オルチャ渓谷だ。まったくなじみのない地名だが、たぶん私たちは何度もこの地域の景観を目にしているはずだ。トスカーナの代表的な風景として雑誌のグラビアページを飾るのは、たいていこのあたりの糸杉が立ち並ぶ丘だからだ。つまりいかにもトスカーナらしい景色が広がるのが、南トスカーナはシエナ県なのである。

モンテプルチアーノの語学学校で、『もしも〇〇したら……』という仮定文の練習をしていたときだ。教師が『もしも宝くじに当たったら……』というような、お金がたんまり入ったらどうするかを、文章で作るように命じた。自分がなんと答えたか忘れたが、誰かがうっとりとした顔つきで、『トスカーナの丘の上に別荘を持ちたい』と答えたのである。何人かがため息とともに同意の声をあげた。その場にいた七～八人の生徒はアメリカ人の初老の女性と、中年のスイス人男性、あとはイギリス人、オーストリア人やドイツ人の若者だったと思う。教師も、もっともだとうなずいている。

モンテプルチアーノはシエナ県のほぼ真ん中にある街だから、そもそもここの語学学校を選んだ人たちは、トスカーナが好きで、トスカーナに憧れてこの街を選んでいるのだろうと私は思う。だがその場を支配した雰囲気から、私は、暗黙の、しかもゆるぎなく定着している共通の価値観を感じとった。トスカーナはバカンスを過ごす地として、退職後悠々自適の老後を過ごす地として、ブランドの場所なのだ。教師もうなずいていることから、これは欧米の人にもイタリア人にも共通の認識なのだろう。

インフォメーションでもらったアグリツーリズモのパンフレットは三カ国語で綴られていた。イタリア語、次がドイツ語、そして英語である（その後インターネットをのぞくと、表示言語にフランス語が加わっているアグリツーリズモもたくさんあった）。つまりシエナ県民五〇〇人あたりに一軒のアグリツーリズモは、これだけの言語圏の人々が休日を過ごしにやってくるところなのだ。そしてそれは、これだけの言語圏の人々が、トスカーナというブランドに価値を見いだし、同じスタイルのバカンスを楽しんでいるということでもある。

さきほど私は丘の上に、というところに傍点を打った。トスカーナがブランドだ、というときの〝トスカーナ〟は、華やかなルネッサンスの都フィレンツェを擁し、エトルリアや古代ローマに起源を持つ中世の城塞都市を数多く持つ、歴史と芸術の薫り高い、見所が満載の観光地、ではない。もちろんそれらは言わずもがなの魅力であり価値ではあるが、語学学校の生徒が皆うっとりとした表情を浮かべ、イタリアのみならずヨーロッパ中からこぞってバカンスにやってくる〝トスカーナ〟とは、なだらかな丘が連なり、ひまわりの畑が続き、オリーブの葉が光る緑の田園、すなわち絵のような景観の自然美を持つ〝田舎〟のことなのだ。ユネスコが最近、その〝田舎〟が賞賛に値する、人類にとって大きな遺産であると世界に向かって認めてくれたわけだが、その素晴らしさと価値は、この地のアグリツーリズモを訪れる多くの人は、すでに知っていたことだった。

初めてのアグリツーリズモ

十月のある週末に、いよいよアグリツーリズモを訪れることにした。パンフレットはシエナ県の八つのコムーネ（県の下の行政区域で市、町、村など）ごとに分けられ、詳細な地図にアグリツーリズモの場所まで記されている。

タクシーを利用することを考えて、なるべくシエナの街に近いところがよいと思った。レンタカーを借りるためには、バスで一時間ほどもかかる最寄りの鉄道駅前のレンタカー会社まで行かなければならなかったし、国際運転免許証も用意してきていなかった。このときはまだ、アグリツーリズモには車が必須であることも、知らなかったのだ。

優先順位をつけてかたっぱしから電話をかけた。シーズンオフで営業していない、あるいは最低宿泊数が一週間、などというところは最初からはずした。だが実際に電話してみると、満室だったり、休業していたり、やはり週末にたった一泊では受けられない、と断られたりした。

宿泊を受け入れてくれたのは、ダメモトで電話をかけた、リストアップした最後に近いアグリツーリズモで、パンフレットには、宿泊は一週間単位、オープンは三月から九月とある一軒だった。ちなみにここは英語、フランス語、ドイツ語可、となっていた。

アグリツーリズモは、丘の上ばかりではないにしても、人里離れたところにぽつんと建っているのがほとんどだ。農家といってもある程度集落が固まっていて、その集落の中に郵便局や酒屋や食料品店やコンビニなどがある日本とは、まずこの点が違う。そのことを、数多くのアグリツーリズモを訪れた今は骨身に染みて知ってはいるが、このときは知らなかった。

食事は用意できないというので、家族四人に語学学校で友人となったYちゃんを交えた私たちは、シエナで夕食をとり、朝食の材料を買い込み、タクシーでシエナから一〇キロ北にあるアグリツーリズモ、「イル・ポデラッチョ」に向かった。すでに秋の日はとっぷりと暮れている。シエナの街を外れると間もなく、道の周囲に人家が途切れた。タクシーのライトが照らすのはブドウ畑や枯れたような木々ばかりだ。信号すら見当たらない。やがてタクシーは未舗装の私道のような細い道に入った。しばらく走り、鉄の門の前で停まる。こんな丘の中腹の畑の真ん中に、アグリツーリズモなんてあるのだろうかと、不安が募る。あたりは真っ暗で建物の影すら見えない。

運転手は車を降りると、門扉のインターフォンでなにやら話している。客を乗せてきたと告げたのだろう、やがて門が左右にするすると開いた。車がなだらかな坂を登るとようやく、目の前にオレンジの明かりが灯された家屋が現れた。

扉のガラス窓をのぞき、人がいるのを確かめて呼び鈴を押した。扉が開くと、部屋の奥の暖炉に赤々とした火が燃えているのが見えた。その炎を見て急に丘の上の晩秋の冷え込みを意識した。初めての体験に緊張と不安を感じていた私は、それまで寒さにすら気付いていなかったらしい。だが彼らはアグリツーリズモの泊まり客で、オーナーではなかった。

そのとき、建物を取り囲む闇の中から、短い髪の中年の女性が現れた。彼らが呼んでくれたのかもしれなかったたし、インターフォンで客の到着を知って、出てきてくれたのかもしれなかった。

「ちっともおみえにならないから、どうしたかと思っていました」と彼女は言った。こちらが不安に思うように、向こうも心配していたらしい。それは心配というよりいぶかしさ、だったのかもしれない。今なら彼女の内心の声を想像することができる。たった一泊、それも夜の遅い時間にやってきて翌朝には帰ってしまうなんて、前代未聞、アグリツーリズモにいったい何しに来るの？　いや、本当に来るのかしら？　と。

アパルタメントの夜と農園の朝

この農園は三つのアパルタメントをアグリツーリズモとして提供していた。このアパルタメント、日本語でいうアパートも紛らわしい。イタリア語では家族ごとに仕切られた一軒の家のことだから、日本のマンションに近い。

アグリツーリズモで言うアパルタメントは、寝室とバスルームにキッチンやリビングが備わった独立した一軒のことだ。たとえ母屋と離れたところに建てられた小屋であっても、大きな家屋を何軒かに仕切ったものであっても、やはり独立した一軒のアパルタメントである。

イル・ポデラッチョ。真ん中のアーチの窓が私たちが泊まったアパルタメント

日本語で一番近い言葉は貸し別荘だろうか。しゃれた言葉で言えばコンドミニアムである。

私たちが案内されたのは寝室が三部屋、素敵な家具の置かれたリビングと使いやすそうなキッチン、そしてバスルームが二つの、よく整えられた広いアパルタメントだった。暖炉はなかったが、暖房は壁につけられたセントラルヒーティングで、家中が、バスルームはもちろん廊下までもが暖かかった。リビングの窓は半円形にアーチを描き、農園を貫く小路に面している。確かに一泊ではもったいないアパルタメントだった。

持参したワインとともに、夜遅くまでおしゃべりして過ごした。翌朝はやはり持参した食材で卵料理とサラダを作り、たっぷりのカフェラッテ（ミルクコーヒー）を楽しんだ。モンテプルチアーノのアパートで毎朝同じことをしているのに、とても豪華で優雅な朝食に思えた。

そのあと、朝靄が立ち込める農園を散歩した。湿り気を帯びた空気がとてもおいしかった。農園にはヤギやロバがいて、別棟の滞在客の子供らしい、白い肌と金色の髪の幼い姉と弟が農園の小道を走り回っていた。彼らには真っ白な大きな犬が従っていて、皆で一緒に写真を撮った。

農園は小ぶりの独立した家屋の他に、立派な大きな建物が二つ向かい合わせに建っており、その間に古びた井戸があった。それらはすべて、薄茶色の石で覆われている。あちこちに生い茂る大振りの枝を伸ばす緑の木々。壁も屋根も真っ赤に色づいたツタで覆われた小屋があるかと思えば、種類が違うのだろう、濃い緑のツタが這っている壁もある。私たちが一夜を過ごしたアパルタメントの半円形のアーチの窓の周囲には、ピンクの花をつけたブーゲンビリアが壁いっぱいに広がっていた。

これだけの規模の農園なのに、私たちと子供たち以外に人の気配はなく、静まりかえっていた。でもよそよそしくはなく、ほんの短い時間の滞在客をも、ゆったりと迎え入れてくれているように、私は感じた。気持ちが空間の広がりとともに広がっていくようにのびのびと

鹿飛び出し注意の標識

して、心地よかった。

私たちは緑の生垣を抜け、昨夜車で通り抜けた鉄の門まで歩き、農園の外に出た。しばらく歩くと、柔らかな色合いのさまざまな茶色の石で組まれた石垣が続き、その内側も農園だった。同じような数軒の農家の建物の他はなにもなかった。やがて未舗装の道は終わり、アスファルトの車道を見下ろすところに出た。昨夜はこの道をシエナからタクシーでやってきたのだ。

薄もやの中、ただ延々と、黄ばんだ葉をつけたブドウ畑がひろがっていた。時折車が一台、のんびりと通り過ぎていくが、エンジンの音が遠ざかるとすぐに、また静けさが戻ってくる。いや音がないのではない、音は満ちていた。小鳥のさえずり、枯れた葉を鳴らして通り過ぎる風、砂利を踏む私たちの足音……。

道路の脇に赤い縁取りの三角形の標識が上下に二つ重なって立っている。下の標識は崩れた逆Sの字を描く太い矢印で、この先カーブ注意、と読める。上の標識の真ん中には、そのカーブに今にも飛び出しそうに、鹿の形のマークが踊っていた。

第二章　オリーブと糸杉の丘へ

キャンティのワイン農園「ピエコルト」

丘の斜面のブドウ畑

アグリツーリズモの成り立ち

アグリツーリズモは一九六〇年代にイタリア北部の農家の主婦が、農閑期の副業として旅行者を泊めたのが始まりだという。八〇年代には自然回帰志向などで人気となり、八五年にアグリツーリズモ法ができた。

法律は、農業収入が全体の七〇％以上である等の条件を課すことにより、人気に便乗した他業種からの参入を防ぎ、税制優遇で農家を保護し、同時に提供する食材は地元のものだけを利用することなどの規制によって、利用者にとってのサービスの質の確保を図ったもののようだ。

もちろん建物の修復・増改築には厳しい制約が設けられ、歴史的な建造物や自然環境・景観に十分配慮したものでなければ許可がおりない。これらの法規制によりアグリツーリズモの質が保たれ、レベルの高い施設が登場し、それが利用者に支持され、さらに人気を呼ぶ、というプラスの相乗作用が働いたためだろうか、九八年には七五〇〇軒と報告されているアグリツーリズモの数は、二〇〇七年には一万六〇〇〇軒にまで増えている（イタリアの農業者団体コルディレッティの発表では、二〇〇七年度の予想売上高は十億ユーロ超、利用者数三〇〇万人以上、うち二五％が外国人と見込まれている。施設数は州別ではトスカーナ州が

トスカーナのアグリツーリズモ「ファットリア・ベルヴェデーレ」

二三％とトップ）。

だが、アグリツーリズモの人気は法整備によるものだけではないだろう。当初は日本の民宿と、目的も成り立ち方もそう違いはなかっただろうアグリツーリズモが、ただ自然を満喫できる人気のある宿泊施設としてだけでなく、ひいてはバカンスの過ごし方の一スタイルとして、他国の人々の熱い視線を集めるほどにまで成長したのはなぜだろうか。

ひとつには、前述したようにその土地そのものの魅力がある。

だがそれなら伊豆の海辺の民宿でも同じことだろう。

それから農園そのものの魅力がある。アグリツーリズモに利用される家屋は、ほとんどが時代を経た石造りの建物で（数百年も前にさかのぼるものさえ珍しくはない）、歴史的な雰囲気を大切に修復し、そこに近代的な設備を付け加えたものだ。私が初めて泊まったシエナ近郊のアグリツーリズモは、確かにかなりグレードの高い宿ではあったが、その後体験した何軒ものアグリツーリズモに共通しているのは、豪華なところもシンプルなところも一様に、何百年も守り育ててきた田園の自然に溶け込むような味わい深い外観と、心落ち着くアンティークな家具調度でしつらえられた内部を持つ、ということである。

また広い庭もめずらしくはなく、ほとんどのアグリツーリズモはプールを備えている。そのほかにも乗馬、ハイキングやサイクリング、テニスなどのアクティビティも豊富に用意されている。

すなわち、素晴らしい自然環境と一体となった魅力的な施設に加えて、自然の中でのんびりとバカンスを過ごすための設備や手段がアグリツーリズモには備えられているということだ。

素敵なオーナーと小作制度

　ではもう少し私のアグリツーリズモ体験を語ろう。

　トスカーナ州の中南部に縁があった私は、その後も一帯のアグリツーリズモを何軒か訪ねる機会があった。実際に泊まりに出かけたり、紹介してくれる人がいて、見学だけさせてもらうこともあった。さまざまな規模の、それぞれ異なった個性を持つアグリツーリズモの中で、だが印象に残っているのは、必ずしも環境が素晴らしく、設備の整ったところばかりではない。

　あるとき、フィレンツェからシエナに向かう幹線道路の途中の、「ファットリア・ベルヴェデーレ」というアグリツーリズモに友人たちと泊まった。平坦な地形にある家屋はそれほど豪華ではなく、割り振られたアパルタメントもシンプルなものだった。周囲の景観も、外観も、内装も、どちらかというと地味な宿だったのだ。なのに私はここをその後も二回訪ねている。一度行っただけなのに、なんだか親戚の家のような懐かしさを感じるアグリツーリズモだったのだ。

　滞在は別棟のアパルタメントだから、基本的にオーナー夫妻と顔を合わすのは、頼んで用意してもらった夕食のときだけだ。だが私がこのアグリツーリズモに親しみを抱いたのは、人懐こい笑顔の、料理が得意な初老のオーナー、ラファエレと、知的で品のいい、いつもおおぶりのパールのネックレスをしていたレナータ夫人の、人柄によるところが大きい。

大げさな歓迎の素振りも言葉もなく、特別なにをしてもらったわけでもないのに、ただ温かく迎え入れてくれているということが、すーっと心に届くような人たちだった。特にレナータは農家の主婦というより、街中の宝石店の奥の席にいるのが似合うような女性で、実際週の半分はフィレンツェにいるのだという。話を聞いてみると、農園のアグリツーリズモ部門を分担するだけでなく、地域のアグリツーリズモ十数軒を束ねてプロモーションなどを行っている人だった。

私は旅行業開業前にもう一度ここを訪ね、グループに属すうちの何軒かのアグリツーリズモをレナータに紹介してもらい、訪ねてみることにした。これはとても興味深い経験だった。

そもそもファットリア・ベルヴェデーレのオーナー

ファットリア・ベルヴェデーレのオーナー夫妻

夫妻には親しみと同時にある種の違和感を覚えてもいた。初めて泊まったシエナのアグリツーリズモ、「イル・ポデラッチョ」のオーナー夫人には抱かなかったものだ。暗闇の中から現れ、鍵を渡してくれた中年女性は、翌朝は長靴をはいて馬の世話をしていた。「私、馬が大好きなのよ」と言いながら。その言い方から、馬は農作業用の馬ではなく、乗馬用の馬だとわかったのだが、それでも彼女は完全に農園に一体化していた。

だがパールのネックレスのレナータだけでなく、ジーンズのつなぎを着て畑でトラクターを動かしているラファエレにも、その女性のように農園に、あるいは農作業に一体化したものは感じられず、むしろ都市生活者の匂いとでもいうようなものがあった。

それがなぜか、グループのアグリツーリズモを見せてもらうために再訪したときにわかった。レナータとラファエレとは、私が到着した夜、農園に隣接するホテルのレストランで一緒に夕食をとった。私はそのとき一人だったこともあり、アグリツーリズモのアパルタメントではなく、ホテルに泊まることにしたのだ。

宿泊の予約をレナータが入れてくれたこともあり、またアグリツーリズモで朝食を希望する人はホテルで取れるとなっていることからも、ホテルも彼らの経営なのかと思っていた。こちらは完全に他の人に任せ、自分たちはこぢんまりと農作業とアグリツーリズモだけをやっているのだと。素敵なスーツを着て現れた二人に接するレストランスタッフの態度からも、彼らは敬意を表されるオーナーと思えた。

だが私の予想は、半ば当たっていたが、半ばはずれてもいた。十八世紀のものだというエレガントな建物は、確かにラファエレが生まれ育った館だった。だがそれを改装してホテルとして経営しているのは、ラファエレからその館を買い取った別の人だったのである。

翌朝レナータは私に、二階の大広間を見せてくれた。「今では結婚披露のパーティーに使ったりしてるの」というその部屋は広い庭に面しており、バルコニーからは庭に下りる階段が、右と左に分かれて広がっていた。扉の周囲に優美なドレープを描くカーテンや、天井にきらめくシャンデリアは、まさに舞踏室というにふさわしく、館は貴族の館そのものだった。そして驚いたことに、次に案内された敷地の一角には、荒れて物置と化してはいたが、礼拝堂まであったのである。

彼らの生い立ちや、フィレンツェの家のことや、なぜこの館を売ってしまったのかも、このとき詳しく尋ねる時間はなかった。だが、中世に起源を持つ、地主と小作が農作物を折半する小作制度の、彼らは地主の側にいた人間だったのは確かなことだ。修理して結婚式をあげられるようにしたいとレナータが語るその礼拝堂は、おそらく一家のためだけでなく、広い農園に点在する家屋に暮らす、小作農のためでもあったのだろう。そして今ラファエレとレナータが住んでいる家も、アグリツーリズモとして提供しているアパルタメントも、皆昔は、小作農や、雇われて働く農夫たちの住まいだったのだ。

メッザドリアと呼ばれるこの小作制度は、つい最近まで残っていたらしい。モンテプルチアーノから北に一〇キロほどのトリータでは一九六一年に二八五軒（全農園六二九軒）が、七一年にもまだ九二軒（全農園五〇一軒）が小作農園だった（地元の中学生用の教科書による）。

だが収穫物の半分を農民が自分のものにできる、つまり収穫量を上げれば上げるほど取り分も増えるこの制度は、粘土質で塩分の多い南トスカーナの地を開墾するのに、多大な役割を果たした。今では糸杉とオリーブとブドウの畑が織り成す美しい景観は、長い年月をかけて荒地を耕してきた、彼らが作り出したものなのだ。

シエナの市庁舎には、郊外に広がる田園風景が描き込まれた古い一枚の絵があるという。それは一部はすでに耕された農地を写しとったものだろうが、同時に、まだ未開拓の地をこのように豊かな田園に変えていこうという、理想であり、具体的な目標となるイメージでもあった。そう、その目標が達せられ、理想が現実のものとなった姿が、アグリツーリズモとその周囲に広がる田園風景なのである。ユネスコは、世界遺産に選定した南トスカーナのオルチャ渓谷のような景観を、人間と自然が共同で作り上げた〝文化的景観〟と呼んでいる。

華麗なる〝馬小屋〟

レナータがまず連れて行ってくれたのは、ラファエレのいとこが経営している、「テヌータ・スコルジャーノ」という大きな農園だった。ここはまさに経営と言うにふさわしい規模のところで、広場のような中庭を囲む何棟かの建物は、家屋というより石組の立派な宮殿だった。九〇〇ヘクタールの敷地の半分は、小麦やひまわり、キャンティワイン用のブドウ畑などで、あとの半分は森だという。その森に続く庭には樹齢数百年のヒマラヤスギがあった。

ここで印象的なのは建物の一角の巨大な馬小屋だ。一角といってもいくつかあるうちの屋敷のひとつの、一階の部分ほとんどを占めている。だがレンガ色の石壁やアーチを描く窓がいくつも続く外観を見ても、内部に入っても、すでにどこかに追いやられた馬がいないこともあって、まるで馬小屋には見えない。

何本もの大理石の円柱が細長い内部空間を三廊にしきり、その円柱がリズミカルにヴォールト天井を支える様子はまるで教会のようだ。ただ入り口側の壁には窓が並ぶのに対して、

その後素敵なバンケットルームとなる〝馬小屋〟

反対側の壁には一面に、等間隔で、教会入り口にある白い大理石の聖水盤のような、あるいは豪華ホテルのバスルームの洗面台のようなものが取り付けられている。その部分の壁は天井に向かってくぼみが設けられ、上部には半円形の、鉄でできた大ぶりのバスケットボールのゴールのようなものがある。馬小屋だと聞いていたから、バスケットのゴールは馬の食料である藁や草を入れるもので、聖水盤はその受け皿だろうと推測がつくが、知らされていなければわからなかっただろう。

「ここはバンケットルームにすると聞いてるわ」

と、レナータが教えてくれた。その後計画は実行に移され、今写真で見ると、聖水盤と鉄のかごをそのまま残した壁のくぼみは、レモン色の照明によってライトアップされていて、その光は、柱の間に置かれた、白いテーブルクロスで覆われたたくさんの丸テーブルに、やさしい陰りを与えている。写真には、この〝馬小屋〟だけで三百人が着席できると、説明書きが添えられていた。

ここでは、オーナーに会うことはかなわなかった。住んではいるが、不在だったのだ。アグリツーリズモの部屋を見せてくれたのはハウスキーピング担当の女性で、がらんとした日中の農園は、農作業にいそしむ者たちが帰ってくる夜を、ただ静かに待ちわびているようだった。

アグリツーリズモの名前が語る歴史

テヌータ・スコルジャーノは農園の規模の割にアパルタメントの数は少なく、アグリツーリズモはおまけのような感じだったが、次に訪ねた「ボルゴ・サンティノーヴォ」は違っていた。農園はオリーブとブドウ畑に囲まれ、たけの高い松の茂る庭は公園のように整えられ、その中に点在する何軒かのアパルタメントはそれぞれ独立した出入り口を持つように工夫されている。しかも戸外で食事できるようにと、椅子とテーブルとパラソルが置かれたスペースさえ、それぞれのアパルタメント用に確保されていた。

待ち受けていたオーナー夫人はまだ若く、短い栗色の髪や紺色のミニスカートのスーツが

ファットリア・ベルヴェデーレの全景。左手の18世紀に立てられた館は今はホテルになっている

元小作農家（ポーデレ）も同じオーナーのアグリツーリズモ。内部は４軒のアパルタメントに仕切られている

似合っていた。ここでもアグリツーリズモは夫人の管轄で、彼女の若さとはちきれそうなエネルギーが、きっちりと整えられ、完璧に修復されたアパルトメントのそこここに漂っていた。

ここでアグリツーリズモの名前について少し触れておこう。レナータとラファエレのアグリツーリズモは固有の名前の前に「ファットリア」というのがついていた。これはまさに農園という意味だからベルヴェデーレ農園となる。最初それ以外の意味合いについて深く考えなかった私だが、あるとき辞書を引いていて、ファットリアには他にも、農場管理人の住居という意味もあることを知った。だからファットリアという名前から、その農園は小作農家を擁する地主であったことがわかるのだ。

「テヌータ」というのは広く農地や土地を表す単語だが、農園の前に付く場合にはファットリアと同様の意味を持つ。一方よくポーデレ・○○という名前のアグリツーリズモがあるが、これはもともとは小作農家の意味で、だから「ポーデレ」が頭に付くアグリツーリズモの農園は、ファットリアやテヌータに比べると規模が小さい。

ちなみにシエナで最初に泊まったアグリツーリズモのイル・ポデラッチョは、ポーデレに小さくて粗末なという意味の接尾語アッチョを付けたものだ。決して小さくもなく粗末でもないアグリツーリズモだったが、農園自体はファットリアやテヌータの規模でも成り立ちでもないということがわかる。

もうひとつ、アズィエンダ・アグリーコラというのもある。「アズィエンダ」はそもそも企業・会社という意味だから、こちらは会社組織にした中規模以上の農場、ということになる。

ではボルゴ・サンティノーヴォの「ボルゴ」とは何だろうか。ボルゴとは辞書では、村、(都市の城壁の外に発達した)集落、行政区画、などとなっている。とするとこのアグリツーリズモは、以前は複数の農家が寄り集まったちいさな集落だったのだろう。

実はボルゴはアグリツーリズモの前にだけ付くわけではなく、むしろイタリアでよく目にするのは、田園地帯に囲まれた小さな町の名前としてかもしれない。ボルゴを頭に冠した地名は、イタリア全土に広がっている。

イタリアに日本の農村はない？

私はこの章の最初で、イタリアのアグリツーリズモの周囲には、日本の農村のように店などがない、何もないのだ、と書いた。ではイタリアには日本のような農村はないのだろうか？ 答えは、どうやらないらしい、である。少なくとも私は、何軒かの農家が、たとえ畑を挟んで距離が離れていようとも、寄り添うように集落を作り、その村の中に農家以外のよろず屋や酒屋（今ではコンビニ）のある日本の農村のような集落を、イタリアでは見たことがない。それでも農家が何軒か、集まっているところは知っている。シエナ近郊のイル・ポデラッチョの周囲もそうだった。おそらくあれが小規模なボルゴなのだろう。

そして規模が大きくなったボルゴは、もう農家の集落である日本のような農村ではなく、町＝小都市なのだろうと思う。そこに都市機能が発達すれば、農地はまた郊外に追いやられるのだ。

これにはイタリアの都市の成り立ちも関係があるのかもしれない。中世の都市国家は城壁で周囲を囲んだ丘の上に集落を築いた。外敵から身を守るためであるが、そのなかには農民も住んだのである。彼らは朝城門から出かけていき、農作業が終わる夕刻には城壁の内へ帰る。門は日暮れとともに閉じられた。これは小都市となったボルゴに住む現代の農民も同じなのではないか。

アグリツーリズモの名前にもうひとつ、「カステッロ」というのが頭についているところがある。英語のキャッスル、お城である。お城と聞いて、北ヨーロッパの森の中のロマンチックな尖塔と三角屋根を思い浮かべると、予想はまたしても裏切られることになる。この場合のお城とは城塞であるからだ。確かに塔はあるが、それは敵をいち早く見つけるための塔であり、窓のない城壁に開けられた小さな穴は銃眼なのである。当然そのお城の歴史はルネッサンス、いやそれ以前の中世（十一〜十三世紀）までさかのぼることになる。

このようなカステッロはファットリアやテヌータと同様大規模な農園なので、当然自給自足で（自警も）暮らしが成り立っていたはずだ。食料品店などが必要ないのは、その歴史を今に引きずっているためもあるのかもしれない。

と、正確に調べたわけでもないのに勝手な素人考えをあれこれ書いたが、イタリアのアグリツーリズモや農園、あるいは田園についてのイメージが、少しはっきりしてきたのではないだろうか。

都市と田園の関係

ここでもうひとつ思うことは、町なかの住居と農地の分離についてである。

ファットリア・ベルヴェデーレのレナータ夫人はフィレンツェの家と農園を行き来して暮らしていた。フィレンツェの家が彼女のものか、それともラファエレのものか、それは知らない。またそれがどの程度の規模のものか、一族の住む豪華な館なのか、それともこぢんまりしたアパルタメントなのか、それも知らない。だが、都市生活者が田舎に農地を持つ地主であったり、あるいは休暇を過ごすためにセカンドハウスを持つということは、イタリアではそうめずらしいことではないのだ。

この風習は古代ローマ時代までさかのぼることもできる。またルネッサンスのメディチ家なども、郊外の田園地帯に別邸を数多く持った。それらの館には芸術家が集まり、美しい自然は彼らにインスピレーションを与え、思索を促し、あるいは文学や絵画を生み出す源泉ともなった。

もちろん田舎に別荘や農地を持つのは貴族や裕福な商人だけではあっただろうが、そのような歴史は脈々と今に至るまで生き続け、現代においては庶民が（あるいは外国人であっても）アグリツーリズモという形で、田園生活の素晴らしさを満喫できるようになったのだと、言えるのではないだろうか。

一杯のワインとひと房のブドウ

南トスカーナのアグリツーリズモ行脚に戻ろう。

ローマの章で、古代ローマの街道が庭の片隅に残っていると書いた一軒は、「ファットリア・ピエコルト」という名だった。キャンティの生産農家でもあるこのアグリツーリズモではオーナーが部屋や庭を案内してくれた。屋根の上の風見鶏はキャンティクラシコのマーク、黒の雄鶏だ。古代ローマの道も、現役の礼拝堂も、雄鶏も、馬場で草を食む馬も、アグリツーリズモの部屋の窓に、一幅の絵のように切り取られた艶やかな緑の景色も、その全てを、オーナーは誇らしげに私に指し示した。だが彼のいでたちはまったく農園にはふさわしくなく、ビジネスマンといった風体だった。

一方その後訪れた、いくつもの塔が立ち並ぶ世界遺産の町、サン・ジミニャーノを望む地にある「ポーデレ・モンテーゼ」のオーナーは、見事に農園になじんでいた。

ここまで私は、ひとつのアグリツーリズモを見学すると、そこのオーナーが次のアグリツーリズモに送ってくれる、といったふうに、まるでリレーのバトンのように次々に農園から別の農園へと運ばれてきた。レナータのスケジュール表は完璧で、なんの手落ちもなかった。だがひとつだけ彼女が忘れていたことがある。食事である。秋とはいえ、快晴で気温も高かった。ゆえに私の喉はからから、空腹は絶頂で、このままでいくと何を見ても何を聞いても記憶に残らないほど、集中力は薄れていた。

そんなとき、ポーデレ・モンテーゼの、豊かな腰をジーンズにつつみ、同じく豊かな胸を隠しようもなくトレーナーの下で波打たせたオーナー夫人が、友人宅のような親しみやすい部屋を見せてくれてから、言った。「なにか飲み物でもいかが?」と。

私は事情を説明し、巡礼のようにわずかの食べ物と飲み物を乞うた。彼女は笑って、プールを前にしたテラスのテーブルに私を導き、生ハムとチーズをはさんだパンと、冷えた白ワインを持ってきてくれた。プール脇の芝生には泊まり客の子供たちが寝そべり、隣のテーブルでは自分たちで作った昼食なのだろう、鍋を間に挟んだカップルが食事をしている。

前景にブドウ畑と糸杉を、遠景に中世の塔が林立するサン・ジミニャーノの丘を見渡しながら、私はワインを飲んだ。もちろん私に注いでくれたワインは農園の自家製の、ベルナッチャ・ディ・サン・ジミニャーノという、このあたりで作られているものだ。そのワインが乾いた喉を潤していくおいしさは、次のアグリツーリズモ、「ポッジョ・アイ・チェッリ」のオーナーが、ヴィンサントというデザートワインを作るために天井にぶらさげて陰干しにしていた白ブドウのひと房を、つと手にとって渡してくれた、そのジューシーな甘さとともに、私には忘れがたい味となった。ちなみにポッジョとは小高い丘、という意味である。

このときの訪問は、一口にアグリツーリズモといってもその農園の歴史的な成り立ちも違えば、オーナーの取り組み方も、タイプも、さまざまであることを私に教えてくれた。ファットリアやテヌータやボルゴ、あるいはカステッロといっても、オーナーはそこにずっと古くから住んでいるとは限らない。丸ごと買い取って、最近アグリツーリズモを始めた、などというのを聞いたこともある。それはポーデレや、ポッジョでも同じことだ。だから歴史といっても農園の歴史とオーナーの歴史はまた違うのかもしれない。けれどもそこには、歴史ある農園のかもし出す雰囲気というものが確かにある。それに浸る楽しみは、糸杉やオリーブやブドウ畑の丘が織り成す景色を味わうのと同様、アグリツーリズモに身を置く大きな喜びだ。同時に私は、農園の歴史ともからみあった、個性豊かなオーナーとの触れ合いが、アグリツーリズモに滞在するもうひとつの魅力であることも知ったのである。

このグループのアグリツーリズモはどこも、原則として一週間単位での受け入れなので、なかなか私たち日本人の旅程に組み込むのが難しく、あまりお客様に紹介する機会もなく今に至っている。そのことが残念でならないが、またいつか、順繰りにあのトスカーナの丘を農園から農園へと巡って行きたいものだと、夢見ている。

●おすすめモデルコース・秋編―秋の味覚を中部イタリアに訪ねて●

【1日目】欧州系航空会社を利用してフィレンツェ＊へ。
フィレンツェ市内泊

【2日目】ドゥオーモ、ウフィッツィ美術館、ポンテ・ヴェッキオなど、ルネッサンスの花の都を散策。　フィレンツェ市内泊

【3日目】フィレンツェ市内フリー滞在。　フィレンツェ市内泊

【4日目】専用車にてトスカーナのアグリツーリズモへ。途中中世の塔の街、サン・ジミニャーノ＊をフリー散策。夕食はトスカーナの家庭料理。　キャンティ近郊泊

【5日目】レンタサイクルで、キャンティの村を訪ねるなど、のんびりとした秋のトスカーナを満喫。自家製のワインのテイスティングもＯＫ。　キャンティ近郊泊

【6日目】専用車でシエナ＊とピエンツァ＊へ。南トスカーナのオルチャ渓谷＊をドライブ。何もしないという選択もあり。キッチン付を利用して郷土料理にチャレンジしても。
キャンティ近郊泊

【7日目】フィレンツェ空港より帰国。

【8日目】日本着

※ハネムーナーなどのカップル、家族や友人同士の小グループにおすすめ。一部の行程はドライバー付の専用車なので、個人旅行初心者でも安心。車好きの方はレンタカーを利用してトスカーナのドライブを楽しんでも。ローマ泊を追加して、ローマからの帰国も可能（＊印は世界遺産）。

第三部　南イタリア周遊とアグリツーリズモ

第一章　神話の島・シチリア

アグリツーリズモ「ドゥーカ・ディ・カステルモンテ」のリビングスペース。暖炉の横の壁には古びた民具や壺が飾られていた

セジェスタの神殿

南イタリアは三回に分けて

イタリア全土に広がっているアグリツーリズモであるが、やはり北部から中部にかけてが多く、南部では少ない。南イタリア全体でも一九・三%と、トップのトスカーナ州（二三%）より少ないくらいだ。もともとシチリアをはじめ南イタリアを訪れるバカンス客の目当ては美しい海だということもあり、内陸部は滞在地としてそれほど人気がないのかもしれない。

けれども、南イタリアは多彩な魅力にあふれる地域だ。歴史が残してくれた神殿や教会や都市ばかりではなく、自然もまた個性的な相貌を見せている。

よくパッケージツアーで、南イタリアを一週間ほどで回るものがある。ナポリで青の洞窟を見たあとは、最近人気のプーリア州のアルベロベッロ（とんがり屋根の家並みがかわいい世界遺産）へ、それから空路でシチリアの州都パレルモに、あるいはバスを飛ばし、フェリーでメッシーナ海峡を渡る。アグリジェントのギリシャ神殿ははずせないし、場合によっては大ヒットした映画「グラン・ブルー」の舞台タオルミーナで、ウニのスパゲッティを食べたりする。

パッケージツアーの魅力はこの欲張りなプランを、大型バスで効率的に（しかもリーズナ

シチリア州

エリチェ
パレルモ
セジェスタ
タオルミーナ
カターニャ
アグリジェント
シラクーザ

ブルに）回れるところにあるのだから、これはこれでいいのだ。いいのだが、このようなスケジュールばかりを見ていると、距離感覚がなくなってくるのが恐ろしい。一日の移動距離が三〇〇キロくらいはあたりまえ、最長で五〇〇キロ以上、などという日もあるのだ。

個人旅行で、ましてアグリツーリズモにも泊まりたいという場合、（一週間から十日間での）この距離移動はおすすめできない。私は南イタリアを、見所の集中具合などから少なくとも三つの部分に分けて考えるようにしている。

まずはナポリを中心としたカンパーニャ州。次がアルベロベッロや洞窟住居マテーラ（世界遺産）などのプーリア州一帯、そしてシチリア島である。つまりパッケージツアーを三分の一の地域に絞るのだ。そうすることによって、中身の濃さは三倍か、いやきっとそれ以上になる。

カンパーニャ州はナポリと古代遺跡と島、それから美しい海岸が見所で、船を使ってカプリ島や温泉の島イスキアを訪ねた後、やはり船でアマルフィ海岸の小さな港町に渡り、海を見下ろすホテルに泊まったりするのが楽しい。だがそんな島巡りの旅の話はまたの機会にゆずり、ここではシチリアとプーリアの、アグリツーリズモ滞在を含んだ旅の記憶を掘り起こしてみよう。

シチリアでアグリツーリズモに泊まるには……

シチリアは東西が約二〇〇キロ、南北も一〇〇キロくらいの逆三角形の島だ。このシチリアで一番の問題は、広い島に見所が点在していることである。全ては無理にしても、北も南も、西も東も見たいとなると、効率よく回るためには島をぐるりと周遊するしかない。しかも数が少ないアグリツーリズモは観光に都合の良いところにあるとは限らないし、交通の便も悪い。

そのため私は、一人旅や二人旅のシチリア個人旅行で（特にご自分でレンタカーを運転しない場合）、アグリツーリズモをアレンジすることはほとんどない。アグリツーリズモに滞在することが主な目的の旅だったら、シチリアではなくやはりトスカーナやウンブリアをおすすめする。

だがもしある程度の人数以上のグループであるなら、話は違う。全行程ドライバー付きのミニバスをチャーターしての、ホテルとアグリツーリズモ両方を入れ込んだプランが、ぐっと現実味を帯びたものとなるのだ。私が主催しているイタリア愛好会〝クラブマッジョ〟のメンバーと回った、シチリアの旅のように。

あるとき〝クラブマッジョ〟のメンバーに、シチリア旅行を提案してみた。旅行シーズン前のリーズナブルな時期に、会の仲間とイタリアを訪れたかった。またシチリアのアグリツーリズモにも泊まってみたいと思っていた。

日程は二〇〇一年三月の九日間、総勢八名。私は一足先に出発し、プーリア州の知人を訪ねた後、飛行機で海を超え、彼らとパレルモで合流することとなった。

死者の〝とき〟、生者の時間

パレルモというのは不思議なエネルギーに満ちた街だ。赤い丸屋根がエキゾチックな外観(アラブ―ノルマン様式)を持つ教会や、教会内部の、ヴェネツィアの職人を呼んで作らせたという絢爛豪華なモザイクの壁画を、ガイドに案内されて回る。その教会からそう遠く離れていないところに、朝からアセチレンランプに照らされた露台が並ぶ、大規模な魚市場があった。

実はその前に、私たちはカプチン派の修道院に隣接したカタコンベ(地下墓地)を訪れていた。十七世紀から十九世紀に葬られた死者たちの〝棲家〟である。というのもそこの死者たちは棺に眠っているわけではなく、生前のままの衣装、それも一張羅をまとい、夫婦はしっかり手をつなぎあったまま、ほとんどは立ち姿で並んでいるのだ。

ミイラとなった彼らは、生の延長のように、永遠に止まった〝とき〟の中に暮らしていた。まさか観光客がその止まった〝とき〟をのぞきに来るようになるとは、思いもしなかっただろう。確かにそれは異様な空間ではあるが、最後の審判で全ての死者はよみがえると信ずる人たちにとっては、ミイラも地面の下に眠る遺体も同じなのだろう。むしろ正装でその時を待つ彼らは、用意万端整っているようにすら見えるかもしれない。

外に出てミニバスに戻ると、私たちはたちどころに埃臭い渋滞に巻き込まれた。いやそれはカタコンベに着く前のことだったか。とにかく、十七世紀の統治者スペインがバロック様式の都市計画で整えた、交通量の激しい街並みを走りぬけ、パレルモの胃袋、色鮮やかな野菜や魚が並び、大声が飛び交う市場に降り立てば、カタコンベで止まっていた〝とき〟と、生者の暮らしを謳歌する街や市場の時間がよりあわさり、螺旋形に渦を巻いてうねり、私たちを取り巻いているような気がした。

ぎょろりとマグロの目玉がにらみつける後ろでは、魚をさばきながら愛想良く笑顔を振りまく店主がいる。トマトやピーマンや大振りのレモンが積み上げられた露台の隣には、プラスチックの野菜かごの上に板を敷いて、見たこともないほど大きな、緑色のカリフラワーだけを二十個ほど並べただけの〝店〟もある。売り子はどこかでおしゃべりでもしているのか、写真だけ撮って満足する観光客ははなから相手にする気もないのか、現れもしない。

　後ろからメンバーの一人が「なんて立派な太刀魚なの！」と感嘆の声をあげるのが聞こえた。料理好きの彼女は、「買って帰ってホテルで料理したいわ」と愉快そうに話している。

巨大なカリフラワーを並べただけの屋台

　いつしか死者の〝とき〟は生者の旺盛な食欲に飲み込まれていた。ガイドからは、はぐれると危険だからと注意されてはいたが、市場の喧騒のなかを歩く私たちに、カタコンべでの緊張はなかった。

ギリシャ神殿と霧の街

　西に車を走らせ、モンレアーレでモザイクが素晴らしい教会を見学した後、セジェスタの神殿に立ち寄る。

　神殿はシチリアがまだ古代ローマの穀倉になる前、先住の人たちとギリシャの植民都市のいくつかが覇を競っていた紀元前五世紀に建てられたものだ。アグリジェントのような規模ではないが、山間に忽然と現れる白い石の姿は実に優美だ。柱が、アグリジェントの神殿と違ってのっぺりとしている。たてに刻まれる溝がないのだ。そのことと、内部に神室を欠いていることから未完成とも言われている。

柱の間を通り抜けて神殿〝内部〟に入る。そこはただだだがらんとした何もない空間だ。天井も屋根も取り払われているので、鳥たちが好きなだけ出入りしている。彼らのようにはいかないが、私たちも柱の間を渡る風と同じ程度には、外に出てみたり、また〝内部〟に入ったりできる。


次に目指すのはエリチェという断崖絶壁の上に築かれた町だ。元々はセジェスタの神殿を建てたのと同じ先住民が開いた。だが今残るのは、紀元前の巨石積みの城壁を除いては、廃墟となった十二世紀の城、緑の苔があちこちを覆う石畳の街路、そしていくつかの教会を取り囲む古い家並みばかりだ。

急なつづら折りの山道を走るバスの中で、年若い女性ガイドが街の歴史を語ってくれた。

かつてエリチェの岩山には豊穣の女神を祭る神殿があり、海から見えるこの神殿は船乗りたちの目印だった。女神は航海の守護神でもあったのだ。だが神殿が船乗りたちに人気があったのはそのためだけではない。神殿には彼らと愛を交わしてくれる巫女たちがいたから、でもある。この時代の人々にとっては、性は豊かさをもたらす聖なるものでもあったのだろう。ガイドは、当時の人たちはそうしてよそ者の血が混ざるのを歓迎したのだと話を終えた。この女神の名はギリシャ神話ではアフロディテ、私たちにはヴィーナスのほうが馴染み深い。

よく耳にする女神の話の中で、私の記憶にひときわ鮮やかに残ったのは、「よそ者の血が混ざる」という言葉だった。シチリアは〝地中海の十字路〟という立地から、また豊富な穀物や果物のとれる豊かな地として、紀元前からイタリア統一まで、絶えずさまざまな民族がやってきては侵略し、植民地化し、そしてそれらの人々が〝混ざり合って〟きたところだからだ。

人々の顔立ちも、アラブ風に少し浅黒い肌を持った人がいるかと思えば、金髪に青い瞳の、北ヨーロッパ風の人もいる。中世にノルマンディー地方のバイキングの末裔がシチリアに打ち立てた王国の、彼らは末裔なのだ。その〝混ざり合った〟自分たちの歴史までも、『歓迎する』と言っているように、私には聞こえた。

標高七五一メートルのエリチェまで登る途中、霧が海から崖を這い登るように迫ってきた。バスを降り、城門から街に入ると、霧はいっそう濃くなった。ひと気のない細い街路の先も、女神の神殿跡にたてられた城の崩れたシルエットも、見る間に霧に閉ざされていく。

ガイドに案内されて、湿って滑りやすい、すり減って角が丸くなった石畳を霧に追われるように歩き、レストランに入った。このあたりの名物クスクスを食べるためだ。デュラムセモリナという硬質小麦（パスタもこの小麦で作られる）で作ったおからのようなクスクスは、北アフリカでは肉や野菜といっしょに煮込んだりするが、シチリアでは魚と一緒に炊き込んで食べる。クスクスは、島の西の外れのこの町からチュニジアまで、海路でもナポリまでの半分ほどの距離しかないことを、思い出させてくれた。かつて地中海を取り囲む陸地は、ヨーロッパもアラブも、そして北アフリカも、古代ローマ帝国だったということを、たった一皿の料理がリアルに伝えてくれているように私には思えた。クスクスは、白身の魚のだしをたっぷりと吸い込んで、鯛雑炊のような優しい味がした。

終わらない夕食

パレルモでは当然宿はホテルだった。だがこの日からは、アグリツーリズモに二泊を入れていた。残念なのはスケジュールの都合からこの二泊を同じところで二連泊とできなかったことだ。もしもう一日、いやもう二日日程を延ばせたら、それぞれを二連泊としてトラパニという漁師町も訪れることができただろうし、次のアグリツーリズモでは、シチリアのへそと言われるイスラム都市の痕跡が残る街エンナまで、足を延ばすこともできただろう。
滞在が基本のアグリツーリズモでは、最低三連泊してのんびりとした時間を過ごしたいと思ってはいても、このときのスケジュールでは仕方のないことだった。

「ドゥーカ・ディ・カステルモンテ」の中庭。壁はピンクとクリームに塗り分けられ、カラフルなタイルがはめ込まれている

エリチェとトラパニの中間の平野部にあるその日の宿は、「ドゥーカ・ディ・カステルモンテ」という名前だった。ドゥーカとは公爵という意味である。いかにも由緒ある農園のようだ。実はこの日ワイナリーを訪れていたのだが、そこも同じ名前だった。きっとオーナーが同じなのだろうと思っていたが、あとで聞いたら農園がワインメーカーに名前の使用権を売ったとのことだった。

イタリアの食事時間は、私たち日本人の感覚からすると驚くほど遅い。中北部ではそれでも七時半か八時くらいには夕食にありつけるのだが、シチリアの、それも味だけでなく時間にも伝統を守るこの宿では違っていた。シチリアは野菜だけでなく海の幸や山の幸も豊富で、料理もおいしい。そのシチリアの家庭料理が自慢のアグリツーリズモを、この日は選んでいたのだ。だが夕食の開始時間は九時。なんとか私たちだけ早くしてもらえないだろうかと頼んでみたが、それは無理だと断られてしまった。そのわけを、私たちは夕食が始まってすぐに知ることになる。

案内された食堂は、イメージと違ってまるでレストランのようだった。広い部屋にはぎっしりとテーブルが、長くつなげて並べられている。その一番端に向かい合わせになって座る。すると次々に客がやってきて、いつのまにか満席となった。おそらく五十人以上、いやもっといたかもしれない。彼らは料理担当のおばあちゃんや、給仕担当の息子たちと親しげに挨拶を交わしている。とても泊まり客には見えない。このアグリツーリズモは週に何日か、地元の客を予約制で受け入れる超人気のレストランでもあったのだ。料理はお任せで、皆同じものを一斉にサービスされる。これではたった八人の客だけ特別というわけにいかないのは当然だった。

料理は、おいしかった。と思う。というのも、実は何を食べたのか記憶が曖昧なのだ。時間がたってしまったからではない。すでに翌日でも、記憶がなかった。考えてもみてほしい。皆イタリア到着三日目なのだ。時差のために胃袋も頭も、体内時計は明け方の五時を指している。少し前にイタリア入りしている私が午前三時くらいだろうか。しかも夕食の九時が待ちきれなくて、オーナーからワインをもらって部屋で飲んだりしていたのだ。

加えて料理のサービスの仕方も伝統的だった。前菜の、大盛りのズッキーニやアーティチョークという野菜のフライが出てくると、そのあとはしばらくはおしゃべりで間を持たせなければならない。量の多さは予想できても、ついつい目の前の皿に箸、いやフォークがのびる。半ば眠りながら、口だけを動かしているような状態で、いつのまにかお腹はパンパンである。ふと気付くと、メンバーの頭数が少ない。ついに脱落者が出たのだ。だがマナーなど気にもせず、早めに部屋にひきあげた人は賢明だった。

デザートが終わり、ようやく腰を上げようと思った矢先、隣のにぎやかなグループのテーブルに大きなチョコレートケーキが運ばれてきた。ハッピーバースデーの歌声があがる。友人や親戚一同が集まっての誕生日パーティーだったのだ。私たちも一緒になって拍手をし、おめでとう！と笑顔を振りまく。それが恐ろしい結果になるとも知らずに。

やがて切り分けられたチョコレートケーキの皿が、回ってきた。しっかり一人一切れずつ。

アンティークな家具は代々受け継がれて使われてきたもの

どうしよう、と私は正面の席に座っていた太刀魚の彼女の目を見た。彼女はやけっぱちのように、『さあ、いただくわよ！』と少し上ずった声で答える。なんとか平らげた私たちに、這ってでも帰れるアグリツーリズモは実にありがたかった。部屋にたどりついて時計を見ると、すでに午前零時を回っていた。

　翌日は塩田や、マルサラ酒のワイナリーや、アグリジェントの神殿を見学して内陸に北上し、山間のアグリツーリズモに泊まった。設備の整った宿だった。夜は聴いたこともない、低い鳥の鳴き声を子守唄に、眠りについた。

　古代ローマ時代の別荘跡や、エトナ山と地中海を望むギリシャ劇場をタオルミーナに訪ね、海辺のホテルに泊まったあとは、また二日間、シラクーザ近郊のアグリツーリズモに泊まった。ここでは、到着するやオーナーが、真っ赤なシチリア特産のオレンジを絞ったものと発泡性の白ワインを合わせたカクテルで迎えてくれた。オーナーはいっしょに遺跡の公園や、シラクーザのバロックの街並みを歩いてくれ、楽しい時間を演出してくれた。

だが旅を終わってみれば、過酷ともいえるあの日の夕食が、旅の一番の思い出だった。予想もつかないことに出くわすこと、そして二度と会わない人たちと言葉を交わし、その一瞬を共にすること、それこそが旅の醍醐味なのだ。

「印象に残っているのは、あのアグリツーリズモで隣のテーブルの人たちと片言の英語でおしゃべりしたこと」と後日、賢明にも早々と部屋に帰ったKさんは語ったが、それは最後まで頑張った私にとっても同じであった。

第二章　東方に開かれた港・プーリア

迷路のようなモンテ・サンタンジェロの小路

オリエントへの表玄関

南イタリアと聞いて、ほとんどの人がまっさきに思い浮かべるのはどこだろうか。『ナポリを見て死ね』という諺は、最近あまり耳にしなくなった。それでも、トマトソースのスパゲッティや、モッツァレラチーズで作るピッツァや、ナポリ湾に浮かぶカプリ島の青の洞窟とセットになって、ナポリと答える人は多いだろう。ナポリが南イタリアの表玄関であることに、私も異論はない。

ナポリにはローマから、日本語ガイド付きの日帰りバスツアーが、ポンペイ遺跡観光と併せて連日催行されている。カプリ島の青の洞窟ツアーも同様だ。時間的に忙しい観光にはなるが、個人旅行初心者でも気軽に参加できる。少し慣れた人であれば、列車（ローマから最速で一時間半）を利用して出かけてみるのもいいだろう（もちろん、治安面では注意が必要だ）。

本当はナポリが州都であるカンパーニャ州は、それだけで終わるにはもったいないところである。だがナポリは日本にもよく紹介されているし、実際出かけたことのある人も多いだろう。ここではむしろ、まだあまり知られていない、けれどもカンパーニャ州に負けず劣らず美と歴史の宝庫であるプーリア州を取り上げてみよう。

プーリア州
ナポリ

モンテ・サンタンジェロ
バーリ
アルベロベッロ
オストゥーニ
ブリンディシ
カステル・
デル・モンテ
マテーラ
レッチェ
ターラント

ナポリが表玄関なら、ではその裏側に当たる部分のプーリア州の港町、たとえばバーリやブリンディシやターラントは、裏玄関と言えるだろうか？　表・裏という言い方は、特に裏と規定された側の人たちは歓迎しないだろう。けれどもそればかりでなく、プーリアの人たちにはすんなりうなずけない理由がある。

イタリア半島に古代ローマが誕生する以前の紀元前八世紀、シチリアの沿岸部と同様、ターラントにはギリシャの植民都市が築かれていた。プーリア州一帯は地中海に花開いたギリシャ文明の洗礼を、イタリア半島でまっさきに受けた地域のひとつなのである。

また、ローマが共和国であった紀元前二世紀の初め、その後帝国の動脈ともなるローマ街道の第一号アッピア街道が、ついにブリンディシまで延ばされた。ブリンディシはローマが、ギリシャからさらにその東に帝国の版図を広げていくときの、重要な港となる。

プーリアのアドリア海側の港町はその後、聖地エルサレム奪還を旗印にした、十字軍遠征の出航地としてもにぎわいを見せる。つまり地中海のほぼまんなかに位置するイタリア半島がオリエントを向いたとき、このあたりはまさに表玄関となるのだ。

プーリア州は東をアドリア海に、南をイオニア海に面する細長い州で、海岸にそって長辺が約三〇〇キロ余りあるのに対して、内陸に向かう奥行きは最大でも一〇〇キロほどである。国内線の空港はバーリとブリンディシの二カ所にあり、日本からはいずれにも、ローマを経由してその日のうちに到着できる。列車でローマからバーリに入る手もある。五時間弱はかかるが、時間に余裕がある場合は列車の旅も楽しい。ただしナポリからだと、途中で乗り換えなければならないのでご注意。

いずれにしろ細長い州だから、バーリから入ってブリンディシから出る（その逆でもいいが）、というようなルートが効率が良い。

聖ニコラの祝祭

二〇〇六年五月の夜、チャーターしたバスで空港からバーリのホテルに向かっているとき、運転手が左手の建物の向こうはもう港だと説明したあと、ついでのように、そうだ花火が見えるはずだ、と教えてくれた。翌日がバーリの守護聖人聖ニコラ（サンタクロース）の祝日にあたっていたのだ。

残念ながら花火は見えなかったが、翌朝はこの祭りのおかげで、駅の南側のホテルから直線距離にして二キロほどしかない旧市街まで、なかなかたどりつけなかった。バスは交通規制のために中心街に入れず、街の周囲をぐるりと迂回しなければならなかったし、おまけにまたたくまに渋滞に巻き込まれてしまったためだ。一人旅か、あるいは少人数であれば駅の北側のホテルに泊まり、徒歩で旧市街に向かうところだが、このときは十三名のグループに同行していた。彼らは画家のS先生を中心としたスケッチのグループで、ほとんどの方には初めての南イタリア、いや内数名にはそもそも初めてのイタリアだった。

ようやくガイドと落ち合い、城壁に沿って旧市街に入る。港町の城塞は中部イタリアの丘の上の街と違って、ほとんどが海に向かって建てられている。東の海からは文明や物資だけでなく、敵もやってきたからだ。

旧市街は旧港と新港を隔てる小さな半島の部分に広がっている。地図で見ると新市街は道路が碁盤の目のように整然と並んでいるのに対して、らくだのこぶのように海に突き出たこのあたりの小路は、脈絡なく好き勝手な方向に走り、それだけでなく多くの道筋が途中で消えている。

何年か前、一人で旧市街を歩いたことがあった。駅の近くのホテルから十五分ほど歩き、広い通りを渡ると、まったく違う世界、まったく違う時間の中に、私は入り込んでいた。中世の面影を残す、くすんだ灰色を帯びた住居の連なりが、道の両側を迷路の壁のように塞いでいる。地図を片手に大聖堂を目指すのだが、方向感覚は最初の小路の角を曲がったときから失われていた。

それでも大聖堂まではなんとかたどりついた。プーリア地方独特のロマネスク様式の大聖堂を見学し、聖ニコラ教会をめざす。細い道は右にカーブを描いており、先の見通しもつかない。ついに私は地図を頼りに歩くことをあきらめ、通行人に（ビジネスマン風の男性を選び）道を尋ねた。その人は、「ついていらっしゃい」としばらく先に立って歩き、「ほらここです」と立ち止まった。右に曲がる小路の先にもう教会のファサードが見えている。礼を述べると、「なんでもありませんよ」と踵《きびす》を返して去っていく。同じ方向に行くのだろうと思っていたが、わざわざ私をそこまで案内してくれたのだ。

教会の内部を見学して外に出て、もう一度地図を広げてみる。来た道を戻ればいいのだが、違う道を通ってみたかった。入り組んではいるが、なんとか戻れそうな道が地図上にはある。それに、その道のほうが近そうだった。けれども……、と私はしばし考えた。昼食の時間になったためだろうか、周囲に人通りは途絶えている（イタリアでは昼休みは商店も閉まる。南の都市ではその習慣もいっそう厳格に守られているようだった）。その、ひと気のない旧市街の裏通りを、一人で歩いて大丈夫だろうか、と。道に迷う心配というより、治安が気になった。
　やはり同じ道を戻ろう、そう思いかけたとき、教会の三つある扉の右端の扉から、男性が出てきた。扉の鍵を閉めていることから教会の関係者だと思える。私は彼に尋ねてみた。地図を指し示しながら、「ここからだと新市街に戻るのにこちらの方向に行けば近いですよね」と。男性は、「ええ、確かにこちらから行けば近いですよ、どうしますか？　こちらから行きますか？」と逆に私に問いかけた。

　少し変な気はしたが、危険かと聞くとそんなことはないと笑う。私がうなずくと、男性は今閉めた鍵を再び開け、扉の中に私を招じ入れた。教会の外側に脇道でもあるのだろうと思っていた私は、きっといぶかしげな表情を浮かべていたはずだ。だが男性は気にするふうもなく、壁と建物で四角に囲まれた中庭を歩いていく。男性は奥まった扉に私を導くと、また鍵束を取り出し、その扉を開けて言った。「これが近道です」。

　予想外の展開に驚き、見知らぬ旅人の近道のために教会の敷地を通り抜けさせてくれたことに、驚きはさらに増した。男性は私の驚きを楽しむように微笑んでいる。丁寧に礼を述べると、「なんでもありませんよ」と、やはりこの人も言うのだった。

通りには静けさだけが漂っていた。足早に私は歩いた。危険ではないと言われていても、静けさが緊張を強いるのだ。横道をのぞくと、ゴミのポリバケツが二つ、道幅のほとんどを占めて駐車している軽自動車が一台。家々の二階部分には、テラスから何重にもせり出すように張られたロープに、色とりどりの洗濯物がはためいている。

車の陰に若者がいた。鋭い視線は観光客というより〝よそ者〟に向けられたもので、私は立ち入ってはいけない領域に自分が入ってしまったように、少しあわてた。あたりには、熱せられたオリーブオイルとにんにくの香りが漂っている。そのとき突然、開け放たれた頭上の窓から、大音量のカンツォーネが降ってきた。全てが私を追い立てているようだった。けれども同時に、全てが私を引きとめてもいた。私は一瞬だけ立ち止まり、香ばしい匂いと一緒にセンチメンタルなメロディーも胸いっぱい吸い込んだ。それからなるべくゆっくりと歩を進め、その場を立ち去った。

だが、聖ニコラの祝祭のその日、ガイドに連れられて歩く教会への道は、人であふれていた。道の両脇には、どぎつい色のプラスチックのおもちゃを並べた店もある。まるで祭りの神社に続く参道のようだ。私は皆に、荷物に注意を払うよう声をかける。この街はひったくりやすりなどの軽犯罪で名高いのである。

前方から、声高にわめいている女の声が聞こえてきた。皆少しだけ立ち止まるが、人だかりになるほどではない。近づいてみるとまだ若い美しい女性が、道の真ん中で仁王立ちになり、片手を腰にあて、もう一方の手を振り回しながら、怒鳴り散らしている。その足元には犬のフン。彼女は聖人の祝日であるこの日、家の前の通りを掃除したばかりだったのだろう、それを心無い輩によって台無しにされたと、頭から湯気を出さんばかりに怒りまくっていたのだ。イタリアのこの手のマナーは最悪だから、常々腹立たしく思っていたのが積もり積もって、ついにこの日爆発したのかもしれない。

祭りの賑わいも裏通りまでは届かない。売られているのはオリーブ、アーモンド、ドライトマトなど

皆少し遠巻きに女性の傍らを通り過ぎていくのに、グループの中で最年長（八十歳超）のWさんだけが、女性を見て立ち尽くしている。あまりの

すさまじさに度肝を抜かれたのだろうか。いや、彼は女性に見とれていた。強烈な怒りの言葉、全身を震わせながら出てくる声、振り回される雄弁な手……、それらの、臆することのない感情の奔流と、祭りの雑踏の中にあって、漲《みなぎ》る力を体現している肉体に、魅入られたように立ち尽くしていた。彼はあとで、「まるで映画みたいで実にカッコよかった、惚れ惚れしちゃったよ」と、感想を述べた。

ドライバー三者三様

イタリアで道を尋ねるとたいてい親切に教えてくれるし、南の町だけでなくどこでも（特に小さな町では）、目的地まで一緒に歩いてくれる人も多い。けれども、ヴェネツィアの人とトスカーナの人とプーリアの人では、どこかが微妙に違っている。総じて南の人のほうが、たとえ相手が通りすがりの旅人であっても、懐深くまで迎え入れてくれるように感じられる。それに、人通りの多い往来で、自分の感情をあのように全開にする人は、やはり中北部では少ないだろう。

いずれにしろ旅で出会う地元の人は、その土地の町並みや風景や、時には匂いや音と一緒になって、旅の記憶の一ページを飾ってくれる。

これはまた別のときの話だ。やはりプーリアを女性ばかり三人で回っていた。ローマから列車でバーリの手前フォッジャに降り立った。十二世紀のロマネスクのファサードを持つ教会のほかは、地震と第二次世界大戦の爆撃で破壊されてしまい、古い町並みは残っていない。私たちはそこを拠点に、ドライバー付きの車をチャーターして、ガルガーノ半島まで足を延ばそうと思っていた。半島はウンブラの森という国立自然公園になっている。

その半島の付け根から急な山道を登り、モンテ・サンタンジェロに立ち寄る。この町は大天使ミカエルが三度も降臨した聖地で、天使が現れたという洞窟に作られた教会には、今でも巡礼者が絶えない。だがキリスト教徒でなくとも、この町は訪れる価値のある、とても印象的なところだ。

右に左にと、ミントグリーンの海を見下ろしながら車は山の頂を目指す。一月とあって、乾いた地面から白い岩が露出するばかりで緑は少ない。時々現れる冬枯れた木はアーモンドだと、ドライバーのヌンツィオが教えてくれる。

モンテ・サンタンジェロは真っ白な家並みが山の起伏に沿って並んでいて、迷路度はバーリより少し低いが、やはりまっすぐな道は一本もない。ただこの町は聖地だけあって、バーリのように治安の心配をすることはない。入り組んだ小道と白い家並みの連なりは美しく、気ままに散策するのにうってつけの町だ。

山を下り、海岸沿いの道を半島の先端の町ヴィエステを目指す。この道は伊豆の西海岸さながらに、細い上に曲がりくねっている。カーブを曲がるたびに次々に現れる、サボテンと松と、石灰岩の白い岩と海が描き出す一幅の絵に、私たちは歓声を上げて見入る。すれ違う車はほとんどない。

ヴィエステで新鮮な魚のスープの昼食を取り、今度は半島の真ん中の道を戻る。荒削りな海岸の美を楽しんだあと内陸の森に入ると、あまりに景観が違うのに驚かされる。森は落葉樹の原生林で覆われており、とても南イタリアの植生とは思えない。ドライバーのヌンツィオは、海岸を走るときも、森を走るときも、実に適度な間を置いて、静かな声でさまざまなことを語ってくれた。松が枯れているのは夏の乾燥による自然発火であることや、森の木々のことなど。ヴィエステで魚料理のレストランに案内してくれたときの物腰も柔らかく、運転はおだやか、声音もソフトで、私はひそかに〝ジェンティーレ（紳士の）ヌンツィオ〟と名づけた。

翌日と翌々日は違うドライバーが現れた。一日目はプーリア州の北のフォッジャから、小高い丘の上に建てられたカステル・デル・モンテ（八角形の形をした不思議な山城、世界遺

石を積み上げただけの家が並ぶ、アルベロベッロの旧市街

産）や、やはり迷路のように道が絡まりあう古い街アルタムーラを経て、とんがり屋根のおとぎの町アルベロベッロ（世界遺産）へ、二日目は丘の上の真っ白な家並みのオストゥーニやバロックの町マルティーナ・フランカに立ち寄った後、かかとの先端サレント半島の真ん中の街レッチェまで車を走らせた。

プーリア州の平野部を一気に南下する道を、二人目のドライバー、ルイジは快調に飛ばして駆け抜けていく。少し欲張りな行程だから、予定時間に着くために飛ばさざるを得なかったのか、とも思うが、ハンドルを握り、車が少ないと見て取ると自然にアクセルを踏み込んでしまうタチだとも取れる。ルイジはヌンツィオと違ってほとんど何もしゃべらない。

かといって愛想が悪いということもなく、道の両側の見事なオリーブの木に感心して「いったい何歳ぐらいなんだろう」とつぶやけば、「あれはね、まだぜんぜん若いよ、百歳ぐらいかな、僕の家のあたりじゃ五百歳はざらだね」などと答えてくれる。こちらから頼まなくても、見晴らしのよいビューポイントに連れて行ってくれ、どうだい、きれいだろう？　とでもいうような、誇らしげな、嬉しそうな顔を見せてもくれる。

驚いたのは、レッチェの宿へ入る、細い、九〇度に曲がった道が一方通行だとわかったとき。ルイジはこともなげにその道をバックで進んでいったのだ。無口な横顔は、プロにはこれしきどうってことないのさ、と語っていた。彼の呼び名は〝飛ばし屋ルイジ〟となった。

レッチェには、薄いピンクがかった石に見事な装飾を施したバロック建築があふれている。教会や邸宅を足の赴くまま訪ね歩くのに一日を費やした。翌日、サレント半島の先端を一周するために現れたドライバーはミンモ。ヌンツィオもルイジもまったく違うタイプだったが、ミンモはその二人とも違っていた。

本職は技術者と言うので、何で運転手してるのと聞けば、日曜日だから、と。セカンドジョブなのである。そういえば行く先々で携帯電話で写真をとりまくったり、エスコートなのか好奇心を満たすためかガッツリーポリでもオートラントでも常に一緒に街を歩いてくれる。ヌンツィオもルイジもしっかりとプロのドライバーだった。だがミンモは友人を案内しつつ、自分も観光を楽しんでいる、といった感じなのだ。話題は音楽になり、別れた恋人のことになり、これも限りなく友人同士の会話に近い。濃い長いまつげを伏せて恋人の話をするミンモの口調は、どこか年上の女性に甘えているようでもある。

彼の素人ぶりは最後まで変わらず、レッチェの町に戻ると道がわからなくなり、さんざん警官や通行人に道を尋ねまくる。結局城壁の外のパーキングに車を止めて歩いて宿まで戻るはめになった。プロにあるまじき行為だが、本人はまったく悪びれるふうでもない。まるで友人気分の私たちも、少しも彼を責める気持ちにならないのが不思議だった。もちろん彼は〝甘えんぼミンモ〟と名づけられた。

思えばつづら折りの山道はルイジでなくヌンツィオが、距離を稼がなくてはならない日はルイジが、素朴な街をおしゃべりしながら訪ね歩くにはミンモがぴったりで、これをまさに天の配剤というのだろうと、その夜私たちは笑いあった。

トベラ、けしの花、カモミール

S先生のスケッチのグループでは、オストゥーニに近いアグリツーリズモ「スパニューロ」に二泊した。プーリアに独特の、それこそ樹齢五百年もあろうかと思われる太いオリーブが延々と道の両側に続いている。いったいどこまで行けばオリーブの畑が途切れるのか、

スパニューロの中庭から母屋に通じる階段

と不安に感じるころ、その農園は現れた。このあたりでは農園のことをマッセリアと言い、建物の雰囲気も、周辺の景観もトスカーナやウンブリアとは違う。マッセリアには十六世紀初頭からのスペイン統治時代の面影を残した大農園が多い。スパニューロもそうした農園のひとつだった。

アーチの門に続くトベラの生垣は、白い、芳香を放つ花をつけていた。その匂いは、南イタリアの濃密な空気によく似合った。くすんだオレンジ色の石造りの母屋には、風情のある外階段がついている。気持ちのよい緑の風が通り抜ける中庭には、椅子とテーブルが置かれ、庭の片隅には古い井戸がある。たけの高い常緑樹の生垣に開けられた出入り口は、ひとつは礼拝堂に、ひとつは果樹園に続いていた。

このアグリツーリズモでは、栗色の髪を腰まで伸ばした少女と、黒髪の青年が、スタッフとして働いていた。オーナーは高齢でほとんど顔を出さないのだと少女は言う。アグリツーリズモの部屋は、門の外に新しく作られた平屋の建物で、こちらはさして風情があるわけでもない。部屋もシンプルだった。

だがダイニングルームは、なかなか趣があった。巨大な石臼が置かれている。オリーブオイルの古い搾油所を、そのままレストランとしているのだ。料理はプーリアの特徴である何皿もの前菜と、オレキエッテという耳たぶの形をしたパスタ、肉の炭火焼きなど、ボリュームたっぷりでしかもおいしかった。それらをゆっくりと時間をかけて味わう。

このときの旅はスケッチが目的だったから、グループは、谷を見下ろす、荒涼とした岩肌の大地に開けられた洞窟住居群のマテーラや、アルベロベッロなど、個性的な街をスケッチしながらここまできていた。もちろんこの農園でも、周囲のオリーブ畑などをスケッチするために、メンバーは朝からあちこちに散っていった。私はカメラを手に、彼らの絵をのぞき込んだりしながら農園を散歩した。土の色はチョコレート色で、オリーブは大地に大きく広げた根を張り、幹はといえば強い陽射しに身をよじるようにねじ曲がっている。陽の光が、銀色の葉に柔らかく反射していた。

白いまるっこい石で積まれた石垣があり、鉄の柵で閉ざされた一角があった。柵の向こうに咲き乱れている花に心引かれ、私はその柵を乗り越えて小道に足を踏み入れた。両側には等間隔でずんぐりとしたオリーブの古木が続いている。小道は農作業用のものだろう。だがこの季節は特別手を入れることもないのだろうか、まっすぐ畑の奥に続く小道は、一面に赤いけしと白い花に覆われている。

けしの花を前景にしてオリーブの木を何枚か写真に撮った。レンズをのぞきながら足の位置を変える。すると足元から甘いりんごの匂いに似た、よく知っている香りが立ち上った。一面の白い花は、私の足の動きにつれて揺れ、香りを放つカモミールだった。

●おすすめモデルコース・春編―南イタリア・初夏の風に吹かれる旅●

【1日目】アリタリア航空を利用してバーリへ。　バーリ市内泊

【2日目】大聖堂、サン・ニコラ教会など旧市街を散策。

バーリ市内泊

【3日目】ノルマン王国のフリードリッヒ二世の手になるカステッロ・デル・モンテ＊を見学。その後、印象的な洞窟住居マテーラ＊へ。市内散策。　マテーラ泊

【4日目】アルベロベッロ＊へ。とんがり屋根のおとぎの国のような街並みを散策。その後、オストゥーニへ。

アグリツーリズモ泊

【5日目】海まで続くオリーブ畑を見下ろす丘の上の街オストゥーニへ。迷路のような真っ白な家並みを散策。

アグリツーリズモ泊

【6日目】バロックのフィレンツェ、と呼ばれる街、レッチェへ。市内散策。　レッチェ市内泊

【7日目】ブリンディシ空港より帰国。

【8日目】日本着

※カップル、家族連れなど、少人数の場合はレンタカーを利用して。グループなら全行程ドライバー付の専用車がおすすめ。列車やバス利用も可能だが、便があまり良くない。マテーラとレッチェは各1泊ずつとなり少し忙しいので、泊数を増やせる場合はどちらかを2泊とすると良い。またはガルガーノ半島のモンテ・サンタンジェロまで足を伸ばしても（＊印は世界遺産）。

私だけのイタリア、私だけの旅

イン・ヴィアのホームページのトップには、イタリア語と日本語で、「イン・ヴィアは、新たなイタリアへの旅を提案します」と記されている。今までに知られているのとはひと味違ったイタリアと、イタリアへの旅を紹介します、ということだ。

そのために私は、アグリツーリズモに力を入れることにした。そう口にすると、イタリアのことをよく知っている人は、「それで商売になりますか」などと聞き返す。そうかと思うと、旅行業界の人に、「これからはそういうのが当たるよ」などと励まされたりもする。現実は厳しくて、前者の言い分が正しく思えることも多いが、それでも細々と、一歩一歩道を行く旅のように仕事を続けていたら、いつのまにか七年目を迎えていた。

アグリツーリズモを選んだのは、人気のある宿泊施設というだけでなく、目新しいからでも、まして日本でも「当たりそうだ」と踏んだからでもない。自然回帰や癒やし系の傾向は、確かにある程度の支持は得るだろうとは思ったが、車なしではアクセスの難しいアグリツーリズモは、私たち日本人には気軽に利用しにくい施設だ。しかも多くの人は、滞在型のバカンスという休暇の過ごし方にも、慣れていない。そもそも、何もしないこと、休息こそがバカンスの目的、という考えにすんなりうなずく人は、日本ではまだまだ少ないだろう。

それでも私は、アグリツーリズモというバカンスの一スタイルを、日本の人に知ってもらいたいと思った。忙しい日常から逃れた旅先では、普段の暮らしとはまた違うリズムに身をおくのも、良いではないか。いつもの考え方から少し離れてみれば、知らない場所で、知らないものや初めてのことに出会う旅の楽しさを、味わうこともできるのではないか、と。

幸い、以前は週単位でしか宿泊客を受け入れていなかったアグリツーリズモも、オフシーズンには数日でも受け入れてくれるところが現れ、アパートタイプだけでなくB&B（ベッド・アンド・ブレックファースト）タイプが増えるなど、私たちが利用しやすい条件も整ってきた。

そうして私は、〝新たな〟イタリアへの旅を希望する個人旅行者やグループのために、フィレンツェやローマなどのイタリアの魅力的な定番都市に、アグリツーリズモ滞在を組み合わせたプランを提案し、手配を行ってきた。その人たちは帰国後に、楽しかった、また行きたい、と報告してくれ、写真を送ってくれ、また私も別のアグリツーリズモに出かけたりした。そのなかで、私はさらにもうひとつのアグリツーリズモの魅力と、私たちにとっての意味に気付いたのだ。

アグリツーリズモは、観光の目的地ではないから宿泊情報以外の情報はない。農園の成り立ちや歴史などがパンフレットやホームページに記されていることもあるが、それも簡単な年号や、代々の所有者についてのコメント程度だ。そこにはお仕着せで用意される『体験』はない。ガイドブックもないし、ガイドもいない。だが、イタリアのどの都市でも（いや世界中のどの国でも）同じようなしつらえのホテルとは違って、アグリツーリズモそのものに、郷土色やオーナーの個性が明快に表れていることは、訪れる者にはすぐにわかる。

そこには、美術館の絵画のように整理されて並べられた美はないし、名の知られた教会のような重厚さも壮麗さもない。けれども、芸術を生み出した源泉や、それらと同じ価値観や、豊かさを、素晴らしい自然景観の中で時を経たアグリツーリズモは、内包している。

つまりアグリツーリズモでは、むき出しの個人である旅人が、その背後にイタリアの歴史や暮らしや文化を感じさせる、非常にパーソナルでありながら、だからこそいっそう鮮やかに、包括的にイタリアを体現するものに、ダイレクトに、深く、自分のナマの感覚だけで出会うことになる。〝私だけのイタリア〟に触れることになるのだ。

私はアグリツーリズモだけでなく、通常のホテルに滞在を希望する方にも、圧倒的な迫力で迫るものたちに街角を曲がるたびに出会う都市だけでなく、田園のなかにひっそりと息づく小さな街を組み込んだプランをすすめることが多い（といってもそれは世界遺産だったりするのだが）。それらの街は、アグリツーリズモと同じように個性豊かに、イタリアに流れてきた長い時の営みを伝えてくれ、同時にその瞬間の空の色や風の匂いを、訪れた人にだけ、垣間見せてくれる。

そのひとときの小さな出会いは、大聖堂や遺跡が伝えるものと等価に、時にはむしろより印象的に、〝私だけの旅〟をつくりあげるのだ。私はイン・ヴィアを、そんな旅を提案し、サポートし、一緒に旅をする、もう一人の旅のパートナーと位置づけている。

竹川　佳須美（たけかわ・かすみ）
富士宮市出身、静岡市在住。
1990年から二度のイタリア滞在を経て、2001年にイタリア専門の旅行会社を設立。個人旅行者やグループのために、農園を改装した宿アグリツーリズモや、地方の小都市での滞在など、ひと味違ったイタリア旅行を提案している。1998年よりイタリア愛好会“Club Maggio”（クラブ・マッジョ）を主催。

（有）イン・ヴィア
〒422-8006　静岡市駿河区曲金3-9-1
Tel：054-286-8970
URL http://www.invia.jp　e-mail invia@invia.jp

イタリア野あそび街あるき

静新新書　020

2007年12月21日初版発行

著　者／竹川佳須美
発行者／松井　純
発行所／静岡新聞社
〒422-8033　静岡市駿河区登呂3-1-1
電話　054-284-1666

印刷・製本　図書印刷
・定価はカバーに表示してあります
・落丁本、乱丁本はお取替えいたします

ISBN978-4-7838-0343-0 C1226